白话孙子兵法·三十六计

全注·全译·全解

国学

周书德·欧宗芳·朱泓心◎编著

陕西新华出版传媒集团·三秦出版社

图书在版编目（CIP）数据

白话孙子兵法·三十六计 / 周书德等编著．—2 版．
—西安：三秦出版社，2003.07（2022.5 重印）
（传统文化经典读本）
ISBN 978-7-80546-263-9

Ⅰ．白… Ⅱ．周… Ⅲ．①兵法－中国－古代 ②孙子兵法－译文
③三十六计－译文 Ⅳ．E892.2

中国版本图书馆 CIP 数据核字（2003）第 042847 号

传统文化经典读本
白话孙子兵法·三十六计

周书德　欧宗芳　朱泓心　编著

出版发行　陕西新华出版传媒集团　三秦出版社
社　　址　西安市雁塔区曲江新区登高路 1388 号
电　　话　（029）81205236
邮政编码　710061
印　　刷　北京华强印刷有限公司
开　　本　710mm × 1000mm　1/16
印　　张　16
字　　数　182 千字
版　　次　2003 年 7 月第 2 版
　　　　　　2022 年 5 月第 2 次印刷
标准书号　ISBN 978-7-80546-263-9
定　　价　48.00 元

孔 武 像

总 序

中国是举世闻名的文明古国，其光辉灿烂的传统文化，已成为整个人类共同的精神财富。随着时代的进步，随着探索自然、认知社会的触角不断深入，人们比以往任何时候都迫切需要发掘传统文化宝藏，汲取更多的智慧和精神力量，来进行自我完善、自我提高，从而获取成功。于是许多人都不约而同地把目光投向那些历尽风雨淘洗的传世经典，吟之诵之，含英咀华。他们意识到，不了解唐诗宋词，没读过孔孟老庄，其麻烦不仅仅是难以达到辩才无碍的境地或获得博学多识的美誉，而且会在工作、学习及社会生活的许多方面遭遇尴尬。反之，熟知经典，以古为镜，以古为师，必定会在全新意义上的修身、齐家、治国平天下方面收到奇效。这方面例子很多，如国内某名牌高校从《易经》中提取“厚德载物”做为校训，培养了无数英才；日本企业家运用《孙子兵法》和《菜根谭》进行经营管理，屡创经济奇迹；某自然科学家要求弟子背诵《道德经》，作为攻克难关前的心理演练；某诺贝尔奖得主坦言，其所以能够历经磨难取得突破，全得益于《孟子》中的一句名言。近年来我国中小学实验教材不断加大古诗文比重以及高考试题频频“考古”，也是为了促进素质教育，培养一代新人。

传统文化经典很多，就存在一个轻重缓急和选择的问题，我们不赞成搞什么“百种必读”或“50 种必读”，武断地制造一个封闭系统。我们认为中国传统文化经典宝库应当是开放的，其中异彩纷呈，玉蕴珠藏。所以我们推出这套《传统文化经典读本》丛书，第一批 20 种，只能说是向广大读者奉献的最基本的、应当最先了解的经典作品，包括《易经》、《论语》、《孟子》、《道德经》、《庄子》、《孙子兵法》、《幼学琼林》、《唐诗三百首》、《宋词三百首》、《元曲三百首》等。我们还将根据情况陆续推出第二辑、第三辑。值得说明的是，我社自上个世纪80年代就开始致力于传统文化经典的整理普及，是最早出版白话类经典读本的出版社之一。此次推出的这批图书都是精选版本、精选作者，付出了艰苦努力完成的，内在质量上乘，曾作为我社品牌图书，经受了市场的检验，受到读者的广泛好评。为适应新的形势，更好满足读者的需求，我们对其进行了重新改造整合，使之在版式、装帧等方面更趋考究精美。同时也希望读者多提批评意见，以便进一步改进。

魏全瑞

2003年7月

目　录

◇ 白话孙子兵法 ◇

◇ 白话三十六计 ◇

白话孙子兵法

内容提要

本书分为两个部分。第一部分评述《孙子兵法》在战争规律、军事谋略、军事哲学、军事心理学、军事地利学诸多领域中所表现出的深邃思想及其对古今中外军事、政治、外交、经济的深远影响；第二部分对《孙子兵法》十三篇原文进行注译，并逐篇归纳为若干要点进行较详细的解说。其显著特点，一是把艰涩难懂的古文用深入浅出、通俗流畅的语言白话化。二是把舍事取义的抽象概括的理论用大量的战例、故事、生活实践具体化。融理论性、思想性、知识性和趣味性于一体，因而具有较强的可读性和实用性。

◇ 第一部分 ◇

《孙子兵法》评述

一、孙子的生平

孙子，姓孙，名武，字长卿，人们尊称其为孙子或孙武子，是春秋末期齐国乐安（今山东惠民）人。因为他的才华主要在吴国施展的，战绩是在吴国创建的，因此也称吴孙子。其具体生卒年月尚不可考，大致与孔子为同时代人，主要活动在公元前 500 年前后。

春秋时代的齐国，位于今山东东北部，濒临渤海，有渔盐之利，在诸侯列国中是一个物产富庶、实力强盛的东方大国。公元前 685 年，齐桓公即位后，任用管仲为相，革新军政，发展生产，终于成为“九合诸侯，一匡天下”的一代春秋霸主。杰出的大军事学家孙武就诞生在这个国家里。

那是风云变幻的春秋末年。奴隶主贵族对奴隶和平民的剥削和压迫越来越残酷，奴隶和平民的反抗也越来越激烈。奴隶起义和奴隶战争的洪流，如惊涛骇浪，猛烈地冲刷着奴隶制的污泥浊水，从根本上打击和动摇了奴隶主的腐朽统治，成为新社会从旧社会的母胎中诞生时的助产婆。代表新的生产关系的新兴地主阶级登上了历史舞台，向奴隶主阶级展开了经济、政治、军事和思想领域等各方面的斗争。奴隶主的统治江河日下，“礼崩乐坏”。

孙武的家族正处在这一激烈动荡的旋涡之中。原来孙武的祖先就是齐国的田氏。据《新唐书·宰相世系表》和宋邓名世《百今姓氏书辨证》记载，孙武原是陈国的公子陈完的后裔。公元前672年陈国发生内乱，陈完逃奔齐国避难。齐桓公委之以“工正”之职，管理手工业生产。陈完后来又改姓名为田完。经过几代之后，田氏家族发展为齐国新兴势力的代表，同以国君为首的贵族们相对立。到齐景公时，田完的第四代孙田桓子（陈无宇）已是齐国的大夫。他用大斗借粮，小斗收进的办法争取民众，使民众像流水般地归附在田氏门下，从而壮大了自己的力量。

齐国在攻打莒国的一次战争中，田完的五世孙、孙武的祖父田书立了战功。齐景公便把乐安（今山东惠民）封给田书，作为他的采邑。又赐姓孙氏，以示嘉奖。春秋时代，姓是全族的共同称号，而氏只是某一支派的称号。田书这一支既是以田为姓，而又以孙为氏的。后来姓氏不分，人们也就把孙武的氏作为他的姓了。

公元前532年夏季，田氏联合鲍氏，趁执政的旧贵族栾氏、高氏宴饮方酣的时候，突然包围了他们。经过激战，栾氏、高氏战败，其主要人物栾施、高强两人逃往鲁国。这就是所谓的“四姓之乱”。

这种纵横捭阖的斗争，势必在客观上为孙武提供了洞察统治集团上层斗争的机会，锻炼了他善于应变的机智才能，使他的思想受到了新兴地主阶级世界观的极大影响。同时，由于孙武的祖辈都精通军事，无疑为孙武继承和学习先人的军事思想提供了良好的条件。齐国是历史上大军事家姜子牙的封地，后来又是大政治家、军事家管仲的活动场所，留下了极其丰富的军事遗产。齐桓公称霸以后，齐国又一度成为当时中国政治、经济、文化、外交、军事活动的中心，成为豪杰荟萃的地方。这样的社会环境，对孙武研究军事，提供了许多便利条件，使他在青年时代就成为学识渊博的军事人才。

“四姓之乱”，田氏、鲍氏取得了胜利。大约就在他们弹冠相庆的时候，孙武——或许还有孙氏家族的其他成员——却离开了故土齐国，踏上了新的里程。他们到了南方新兴的吴国，即今江苏中部、南部一带。他大约就在都城姑苏（今苏州）附近隐居，过着一种自耕农式的生活。可能在耕耘之余，将祖辈所传下来的军事斗争经验加以总结整理，写成了兵法。

正当孙武在军事学上有了较为深厚的理论储备时，他施展才智的历史契机也终于到来了。公元前512年阖闾决心同楚国大战，但将才缺乏，很觉踌躇。当时任吴王阖闾的谋臣的伍子胥借与吴王论兵之机，连续7次向吴王推荐孙武是真正可以“折冲销敌”的主将人选。于是，吴王决定召见孙武。孙武便带上他那蔚为大观的兵法十三篇到吴宫晋见吴王。在回答吴王的提问时，孙武那惊世骇俗的议论，新颖独特的见解，引起了一心图霸的吴王的强烈共鸣，他连声不迭地赞誉孙武高妙的战争见解，为孙武横溢的军事才华所折服，立刻任命他为将军。从此，孙武与伍子胥一起辅佐吴王，理国治军，使吴国迅速崛起。

据史书记载，孙武为将之后，为吴国的兼并战争立下了卓越的战功。司马迁在《史记·孙子吴起列传》中说：“西破强楚，入郢，北威齐晋，显名诸侯，孙子与有力焉。”意思是说，公元前506年，吴军对楚国实行深远的战略奇袭，即吴楚柏举（今湖北麻城附近）之战，大败楚国，攻占楚国首都郢，孙子有战功；公元前484年吴军在齐国艾陵重创齐军，公元前482年黄池会盟，吴国取代了晋国的霸主地位，这就是“北威齐晋”，孙武也有不可磨灭的战功。孙武之所以能够取得显赫的战功，是因为他有系统的军事理论作为指导，经过战争实践，更加印证了他的军事理论的正确性。由此可以看出，孙武不仅是军事理论家，而且也是富有军事组织才能的军事活动家。

从公元前512年任将军到公元前482年的黄池会盟，孙武在吴国有着30年的戎马生涯，此后的情况就不得而知了。至于孙武最后的结局怎样，尚不可考。但是，当吴国北威齐晋时，已是阖闾之子吴王夫差当政。夫差倒行逆施，骄奢淫逸。可以想见，孙武对于夫差这样的君主是冰炭不能相容的。据《越绝书》记载，江苏吴县东门外尚有孙武的坟墓。看来，孙武没有像伍子胥那样被杀，很可能是飘然归隐，老死山林。

二、《孙子兵法》的成书问题

《孙子兵法》，亦称《孙子》、《吴孙子兵法》、《孙武兵法》。成书于公元前五世纪春秋末期，是我国也是世界上流传下来的最古老的军事理论著作。

《孙子兵法》在孙武晋见吴王阖闾时就已经成形，随后又增加了他在吴国的战争经验，从而更加完备了。从现存的汉、唐、宋古籍对《孙子兵法》的征引来看，就有好几种不同的抄本。银雀山出土的汉简《孙子兵法》是我们所能看到的最古的抄本了，其中《形篇》就有文字不尽相同的甲乙两个写本。

在西汉中期以前，《孙子兵法》13篇是独立而完整的。《史记》在孙武列传中这样写道，吴王阖闾对孙武说："子之十三篇，吾尽观之矣。"汉简《孙子兵法·见吴王》中，两次提到"十三扁（篇）"，可见《史记》的记载并非虚妄之谈。

可是，西汉末年刘向《七录》则称《孙子兵法》三卷。不说"十三篇"而说"三卷"，可能是由于从简策变为帛书的缘故。而晚于《史记》100多年的《汉书·艺文志·兵权谋》却记载为《孙子兵法》82篇，图9卷。为什么会出现这种篇帙剧增的情况呢？

清朝学者毕以珣在《孙子叙录》中正确地指出了这一篇帙骤增的原因。他说：82篇中，除了孙武见阖闾以前所作的13篇外，其余69篇都是孙武的佚文。这69篇佚文，大部分已失传了。但是毕以珣还是从古籍中辑录到一些佚文，都收在《孙子叙录》中。他指出，这些佚文"其一为《问答》若干篇，既见阖闾所作，即诸传记所引遗文是也。一为《八阵图》，郑玄注《周礼》引之是也。一为《兵法杂占》，《太平御览》所引是也。外又有《牝牡八变阵图》、《战斗六甲兵法》，俱见《隋经籍志》。又有《三十二垒经》，见《唐艺文志》”。他的判断和证明是正确的。汉简《孙子兵法》下编中的《吴问》、《四变》、《黄帝伐赤帝》、《地形二》，都是13篇以外的佚文或者后人的注释。

恢复13篇原型的工作，是由军事家曹操完成的。他把13篇以外的69篇另编为《续孙子兵法》二卷。在《隋书·经籍志》和《新唐书·艺文志》中都有著录，大概在唐以后才失传。

不料曹操恢复13篇本来面目的工作，到了唐代却引起了诗人杜牧的误会。他居然认为：孙子的书原来有十几万字，被曹操“削其繁剩，笔其精切”，提炼出只剩6000多字的13篇。对于杜牧的这一误会，历史学家大都予以批驳。例如，毕以珣指出：“孙子十三篇者，出于手定，《史记》两称之，而杜牧以为魏武笔削所成，误矣。”但更有甚者的是，宋朝梅尧臣、陈振孙、叶适等人，竟公开否认《孙子兵法》是孙武所著。

另外，由于《孙膑兵法》自隋朝以后失传，在清代以来的中外学者中便出现了各种各样的猜测。有说孙武与孙膑是一个人的，有说《孙子兵法》与《孙膑兵法》是一本书的，有说历史上根本就不存在孙武其人的，《孙子兵法》就是孙膑所作的，甚至竟有人说《孙子兵法》的作者就是曹操等等。终于由于《孙子兵法》与《孙膑兵法》的同时出土和1978年7月，青海大通县上孙家寨西汉木简《孙子兵法》的出土，使这些笼罩在《孙子兵法》一书上的迷雾烟消云散了。

目前，仍有少数人以《孙子兵法》中所言的作战方式、战争规模以及某些军事制度方面的内容为依据，认定其书只能成书于战国中期或后期，而不可能出现在春秋末年。这是不符合历史事实的。我们认为《孙子兵法》一书成于春秋末期，其主要根据是：

第一，《孙子兵法》是春秋时期战争实践的产物。历史唯物主义认为，任何一种新的学说的创立，都不可能是凭空产生的。一方面，它必须以前人留存的思想资料作为开拓新领域的起点；另一方面，又必须充分地吸收所处时代的理论上的和实践上的成果，只有如此，才能有所建树；与此同时，也将无一例外地反映出所属阶级的愿望和时代条件的限制。孙武生活于春秋末期，正是中国古代社会更替——奴隶社会向封建社会过渡——之际，阶级斗争激烈，其主要体现就是战争。在此之前，五伯一齐桓、晋文、秦穆、楚庄、宋襄——争霸，社会动荡不安。据史籍记载，春秋初期共有130多个国家，在战争频繁、相互兼并的过程中，出现了齐、晋、秦、楚、宋（其实宋并不强大）五个强国，它们相互争雄，蹂躏弱小，压迫近邻。在孙武以前的约200年时间，大小战争共发生了三四百次。有政治斗争（主要表现争霸、尊周等问题上），有经济斗争（主要反映在通商关系，以及以经济手段吸取他国财富上），有外交斗争（主要表现在联合、反联合，或保护对方，争取自己的势力范围上），有军事斗争（战场上的兵戎相见，产生了多种多样的作战艺术），《孙子兵法》正是总结这些斗争实践的产物。

第二，《孙子兵法》所阐述的具体原则，是孙武总结他以前历史上所出现的有关战争的历史事件得出的结论。例如，《孙子兵法》的首篇——《计篇》提出“庙算”在战争中的作用问题：“夫未战而庙算胜者，得算多也；未战而庙算不胜者，得算少也。多算胜，少算不胜，而况于无算乎！吾以此观之，胜负见矣。”所谓“庙算”就是现代战前的最高军事会议（日本称“御前会议”）的决策，对敌我有关战争诸因素作细致的分析、判断（多算），有胜利的把握，才进行战争。“庙算”是属于战略决策性的，只是确定带关键性的几个重要问题。可以说，这完全是根据战前的政治、军事经验、外交、地理等等诸因素的综合分析的结果所下的定论。下面的事例，则足以说明这点。

公元前632年，发生了晋楚城濮（在今山东鄄城西南）之战（见《左传》），这是春秋时期规模颇大的一次战争，也是晋文公取得霸权地位、为晋国以后长期称霸奠定基础的一次战争。战前，晋国君臣十分细致地对双方的有利和不利诸因素进行了分析和判断。《左传》僖公二十七年对这次战争经过记述得十分生动：“冬，楚子及诸侯围宋。宋公孙固如（到）晋告急。先轸（后任晋中军元帅）曰：'报施（晋文公流亡时，曾受到宋国的恩惠）救患，取威定霸，于是乎在矣（在此一举）！'狐偃（晋将）曰：'楚始得曹，而新昏（婚）于卫，若伐曹、卫，楚必救之，则齐、宋免矣。'（这是'围魏救赵'的最早战例）"先轸的中心思想，是想趁此机会，发动战争，以奠定霸权。狐偃的策略，认为楚国刚统治曹国，又和卫国有亲戚关系，如果直接进攻曹、卫，则齐、宋可免遭楚国的侵略。晋文公采纳了这一策略。

第二年春天，晋国就出兵进攻曹、卫，都取得胜利，但楚国的大将子玉仍继续围攻宋国。宋又派门尹般到晋军告急。晋文公说："宋人告急，舍之则绝，告楚不许，我欲战矣。齐秦未可，若之何？"晋文公的意思是，如果不设法解救宋国危急，两国就会断交。但楚国不答应和解，则须诉之战争。考虑当时楚军强大，尚须争取齐、秦两国的援助。如果两国不出兵，怎么办？先轸说："使宋舍我而赂齐、秦，藉之告楚。我执（捉住）曹君，而分曹、卫之田以赐宋人。楚爱曹、卫，必不许也。喜赂怒顽（齐、秦喜得贿赂又恨楚之顽固），能无战乎？"先轸的策略，确实高明，不仅把齐、秦争取过来，而且又激怒了楚军，非战不可。这样，就达到了"取威定霸"的目的。晋文公完全按先轸的意见去作，形成了战前非常有利的战略态势，终于取得了城濮之战的空前胜利。

如果晋国在战前没有对战争进程作细致的分析、判断，然后才下决心、定部署，而贸然地应战，那胜负之分，则实难预料。十分明显，孙武把这些（类似事件在《左传》中有不少记述）战前决策归结为"庙算"。

我们说《孙子兵法》成书于春秋末年，但并不否认它在流传过程中窜入后人对某些字词的修改或补充。例如，竹书的《用间篇》中，有"燕之兴也，苏秦在齐"一语，而苏秦远在孙武之后，显然这是后人臆增的文字。

三、《孙子兵法》的军事哲学思想

在哲学领域内,《孙子兵法》虽然没有自己完整的哲学体系,但是,它所反映的军事哲学思想却有着丰富的内容,卓越的命题。它揭示出许多战争中的普遍规律,较全面地论述了战争中致胜的因素,反映了比较丰富的朴素的唯物主义和原始的辩证法思想。

(一)朴素的唯物论思想

《孙子兵法》中的朴素唯物论观点,首先表现为无神论和反天命的态度。它在论述事先了解情况的重要性和方法时说:"故明君贤将,所以动而胜人,成功出于众者,先知也。先知者,不可取于鬼神,不可象于事,不可验于度,必取于人,知敌之情者也。"(《用间》)孙武不相信鬼神,不问卜,不凭老经验类比往事,不凭星辰运行去推测吉凶祸福,而从了解敌人情况者的口中去取得。《孙子兵法》中也讲到"天",但他对于"天"作了明确的唯物主义的解释:"天者,阴阳、寒暑、时制也。"(《计篇》)这同宗教神学把"天"看做是人格神的天是冰炭不相容的。他还看到,自然界的天的运动是有规律的,可以认识的,可以利用的。"四时无常位,日有短长,月有死生"(《虚实》),都处在运动、变化之中。对于自然界的天时、地利,可以使之服务于军事斗争。《火攻》中对于天时的利用有许多古朴而又珍贵的论述。如说"昼风久,夜风止"。白天刮了一天风,夜晚风势就会减弱直至停止,因而这一夜就不宜发起火攻。

《孙子兵法》中朴素唯物论观点还表现在它努力探索战争规律,提出了"知己知彼,百战不殆"的著名论断。《用间》中指出:"故明君贤将,所以动而胜人者,先知也。""先知",实质上就是在战争之前,必须了解彼我的一切情况。"知彼知己者,百战不殆;不知彼而知己,一胜一负;不知彼,不知己,每战必殆。"(《谋攻》)2000多年来,古今中外,任何一位战争指导者,谁也不能违背这一原则。"知己知彼,百战不殆"这样一个具有普遍规律的思想,是前无古人的，是孙子思想的精华之一。

这一条规律从哲学的意义上讲，是实事求是的朴素的唯物主义思想；从战争理论上讲，是判断分析情况的根本规律；从战争的指导意义讲，是先求可胜之条件，再求必胜之机的重要抉择。

《孙子兵法》在论述彼己的内容时非常重视经济和国家的财政，看到了经济是战争胜负的物质基础。《作战》中说："凡用兵之法，驰车千驷，革车千乘，带甲十万。千里馈粮，则内外之费，宾客之用，胶漆之材，车甲之奉，日费千金，然后十万之师举矣。其用战也胜，久则钝兵挫锐，攻城则力屈，久暴师则国用不足。夫钝兵挫锐，屈力殚货，则诸侯乘其弊而起，虽有智者，不能善其后矣。故兵闻拙速，未睹巧之久也。夫兵久而国利者，未之有也。""善用兵者，役不再籍，粮不三载，取用于国，因粮于敌，故军食可足也"。"国之贫于师者远输，远输则百姓贫。近于师者贵卖，贵卖则百姓财竭，财竭则急于丘役。力屈、财殚，中原内虚于家。百姓之费，十去其七；公家之费，破车罢马，甲胄矢弩，戟楯蔽橹，丘牛大车，十去其六"。

从这些精彩的论述中可以看出，《孙子兵法》看到了战争依赖于经济，因而产生了速战速决的思想。因为战争大量消耗国家财富。国家财政枯竭了，又要急于增加赋税，搞得国内家家空虚，这种恶性循环，会导致诸侯必乘其弊而起的危险，倘使遇到这种情况，"虽有智者，不能善其后矣"（《作战》）。就是基于这种种原因，所以用兵要速战速决，不能久拖。（当时的一个国家很小，确实是财力、人力、资源有限，不可能维持长期战争。）

《孙子兵法》在论战争与经济的关系时，还非常重视利用敌对国家的资财、人力。认为："食敌一钟，当吾二十钟；萁秆一石，当吾二十石"（《作战》）。因之产生了"胜敌而益强"（《作战》）的原则。孙子主张厚赏士卒，善待俘虏："车杂而乘之，卒善而养之"（《作战》），以及利用缴获的武器、军用资财、俘虏，来充实自己的军队，达到"以战养战"的目的。这些，都是朴素的唯物主义思想。

（二）朴素的辩证法思想

《孙子兵法》看到了军事领域中的许多矛盾，诸如：敌我、彼己、众寡、强弱、攻守、进退、胜败、奇正、虚实、迂直、利害、患利、勇怯、劳逸、饱饥、安动、静哗、久速、治乱、远近、得失、安危等等，这些矛盾关系就是原始的对立统一的概念和范畴，含有丰富的军事辩证法思想。

《孙子兵法》初具全面观察问题和避免片面性认识的思想。《孙子兵法》的杰出命题“知彼知己”，讲的是彼、己双方情况，不能只知一方，而不知另一方。在论军争时说：“军争为利，军争为危。”（《军争》）指出军争既有利的一面，也有危的一面。要求将帅考虑问题“必杂于利害”（《九变》），即是说要兼顾到正反两个方面。在看到利时，要考虑到还有害的一面；在看到害时，要考虑到还有利的一面。所谓“杂于利，而务可信也；杂于害，而患可解也”（《九变》）。这就告诉人们，在不利的情况下，要看到有利的因素，才不至失去胜利的信心；在有利的情况下，要看到不利的因素，才能防止挫折的危险。例如，公元200年，曹操与袁绍相持于官渡（今河南中牟东北）。曹操因兵少粮缺，士卒疲惫，后方不稳，处境困难，打算退保许昌。谋士荀彧认为：我以“十分居一之众”的劣势兵力，阻击袁军已有半年之久，眼下袁绍的力量已经衰竭，局面必将发生变化，正是出奇制胜的大好时机。曹操采纳了荀彧的意见，决心坚持危局，加强防守，不久，果然赢得了官渡之战的胜利。

《孙子兵法》还看到了治乱、勇怯、强弱、佚劳、饱饥、安动等等战争中矛盾着的现象不是固定不变的，而是会变化的。它说：“乱生于治，怯生于勇，弱生于强”（《势篇》）。这就是说，乱可以从它的对立面治中产生，怯可以从它的对立面勇中产生，弱可以从它的对立面强中产生。它在论奇正、虚实中，主张虚中有实，实中有虚，虚虚实实，变化无穷。在《势篇》中说：“战势不过奇正，奇正之变，不可胜穷也。”又说：“三军之众，可使必受敌而无败者，奇正是也。”“奇正相生，如循环之无端，孰能穷之?”这就是说，战争的态势，无非奇正两种，但奇正的变化，却是无穷无尽的。奇正的变化，谁也做不到尽头。在《军争》中指出：“故善用兵者，避其锐气，击其惰归，此治气者也。以治待乱，以静待哗，此治心者也。以近待远，以逸待劳，以饱待饥，此治力者也。”这就是说，在军队的士气上，设法避开敌人的锐气，等到敌人松懈疲惫了才去打它（将“锐气”转化为“怠惰”）。在军心上，以自己的严整来对待敌人的混乱，以自己的镇静来对待敌人的哗恐。在军力上，以自己的靠近战场来对待敌人的长途跋涉，以自己的从容休整来对待敌人的奔走疲劳。

《孙子兵法》在看到战争中矛盾着的现象会发生变化后，又进一步指出某些矛盾是可以人为地促使它转化的。它说：“敌佚能劳之，饱能饥之，安能动之。”（《虚实》）怎样促使这种变化呢?《孙子兵法》在分析取胜的客观条件时讲到：“不可胜在己，可胜在敌。”（《形篇》）因为敌人发生不发生过失，是在敌人。又说：“胜可知，而不可为。”（《形篇》）认为胜利是可以预见的，但不能凭主观愿望去取得。它在《虚实》中论述了如何决定自己的行动，如何争取主动，避免被动，集中力量，去造成敌人被动和弱点，以战胜敌人。还说：“胜可为也。”（《虚实》）就是说，如果能按照彼己双方情况，正确决定自己的行动，那么胜是“可为”的。《孙子兵法》的辩证法为时代和阶级的限制能达到这样的水平已属难能。《孙子兵法》对“胜可知，而不可为”和“胜可为”的关系，对“可知”到“可为”的发展，尚未能作出辩证统一的阐述，这是不能苛责古人的。然而能提出“胜可知”又提出“胜可为”，就含有发挥主观能动作用的朴素辩证法因素。作为例证，他说：“故形人而我无形，则我专而敌分。我专为一，敌分为十，是以十攻一也，则我众而敌寡；能以众击寡者，则吾之所与战者，约矣。”（《虚实》）这里说的是，巧妙地运用“形人而我无形”的办法，形成“我专而敌分”，“能以众击寡”的有利态势，这就容易取得胜利了。

《孙子兵法》的辩证法思想虽然只限于军事领域并且是自发的、朴素的和不系统的，但是，在2000多年前，《孙子兵法》就有这样丰富而生动的军事辩证法思想，则是难能可贵的。

四、《孙子兵法》的军事谋略思想

《孙子兵法》的中心思想是力求以智谋胜敌，而不只是以力胜敌的军事谋略思想。它充分体现在战争、作战指导和军队建设方面。

（一）关于战争问题

《孙子兵法》开宗明义就说："兵者，国之大事，死生之地，存亡之道，不可不察也。"（《计篇》）把战争看做关系军民生死、国家存亡的大事而加以认真研究，并且说："亡国不可以复存，死者不可以复生。故明君慎之，良将警之。"（《火攻》）它又说："无恃其不来，恃吾有以待也；无恃其不攻，恃吾有所不可攻也。"（《九变》）主张对敌对邻国可能的进攻，必须做好准备。这些论述，反映了它重视战争、对战争抱慎重态度和要求有备无患的思想。

《孙子兵法》论述了决定战争胜败的基本因素，提出了道、天、地、将、法等"五事"，并分别作了阐述，认为要取得战争胜利，还需要有一定的物质力量（包括军事力量），有利的天时、地利等客观条件，平时严明的管理和训练，战时正确的军事指挥等。这些也是《孙子兵法》对战争问题的可贵见解。

（二）关于战略原则问题

《孙子兵法》中关于战略原则，包括作战方针、作战形式、作战指导等，都体现了军事谋略思想。

在作战方针上，《孙子兵法》主张进攻速胜，强调"兵贵胜，不贵久"（《作战》），认为"兵久而国利者，未之有也"（《作战》）。这反映了地主阶级在上升时期政治上要求发展的需要和当时经济、军队组织等条件的限制。为了达到进攻速胜的目的，在具体作战上,《孙子兵法》主张要充分准备:“先胜而后求战。”(《形篇》)要“并气积力”(《九地》)、“并力、料敌、取人”(《行军》)、“并敌一向”(《九地》)。这些都是要求要有充分的准备，要集中兵力。《孙子兵法》对进攻行动要求突然性，要“攻其无备，出其不意”(《计篇》);要“避实而击虚”、“进而不可御者，冲其虚也”(《虚实》),这些突然性都体现了避实击虚的奇袭思想和机动作战思想。所谓“虚”，是指敌人的弱点。《孙子兵法》的进攻作战，主张速决。它说“兵之情主速，乘人之不及”(《九地》)。要求军队的行动要“其疾如风”、“动如雷震”(《军争》)。它注重造势，造成有利的进攻态势。说:“激水之疾，至于漂石者，势也……善战者，其势险，其节短。”(《势篇》)要造成像湍急的水奔流倾泻，以至汹涌地冲走石头那样一种不可阻挡的气势。然而在国家被侵略时，战略的持久防御却是非常重要的战略方针。

在作战形式上,《孙子兵法》主张在野外机动作战。它把“伐兵”放在“攻城”之前，把“攻城”看做下策，以为“攻城之法，为不得已”(《谋攻》)。这反映当时进攻兵器还缺乏摧毁城堡的能力，攻城所费代价过大，每每导致旷日持久，不利于速胜。所以《孙子兵法》主张“拔人之城，而非攻也”(《谋攻》，似指奇袭和久困)。“伐兵”，就是进攻敌人的军队，照现代的军事术语说，就是以军队为作战目标(不以城堡或要塞为作战目标)。进攻敌人的军队，也有不同的打法。当时，呆笨的车战已逐步让位给徒步作战，而《孙子兵法》主张的“勿击堂堂之陈(阵)”(《军争》)，正是新兴地主阶级寻求新的作战方式的表现。《孙子兵法》认为野外机动作战是达到进攻速胜的有利的作战方式。要在野外机动作战中消灭敌人，重要的问题就是要善于调动敌人，这种调动敌人的办法,《孙子兵法》称之为“动敌”。它说:“善动敌者，形之，敌必从之;予之，敌必取之;以利动之，以卒待之。”(《势篇》)就是说，要善于用佯动迷惑敌人，用小利引诱敌人，使敌人听从调动，然后用重兵来等待掩击它。对于固守高垒深沟的敌人，则采取“攻其所必救”（《虚实》）的战法，调动敌人出来消灭它。《孙子兵法》要求“出其所不趋，趋其所不意”，就是向敌人不及救援的地方进军，向敌人意料不到的方向急进。“由不虞之道，攻其所不戒”（《九地》），这样就能“进而不可御”（《虚实》）了。

在作战指导上《孙子兵法》中是从多方面表达的，特别强调两个问题，就是主动和灵活两个命题。

主动，这是作战指导，即指挥艺术首先要解决和掌握的问题。可以说，在战场上失去主动权，那必然会处处被动、挨打。《孙子兵法》强调主动，主要体现在“致人而不致于人”（《虚实》）、“先胜而后求战”（《形篇》）的作战思想上。就是使自已立于主动的不败之地，使自己的军队，先有胜利的条件，而后求战，以取得有把握的胜利；不是侥幸地先战而后求胜。

《孙子兵法》“致人而不致于人”、“先胜而后求战”的思想，是高明的将帅首先要做到的。

《孙子兵法》中提出：“故善战者，立于不败之地，而不失敌之败也。是故胜兵先胜而后求战，败兵先战而后求胜。”（《形篇》）“凡先处战地而待敌者佚，后处战地而趋战者劳。故善战者，致人而不致于人。”（《虚实》）

十分明显，“致人而不致于人”，这是主动的真谛。只有先“立于不败之地”（《形篇》），然后才有“而不失敌之败也”（《形篇》）。也即是说，先掌握主动权，然后才能采取措施，调动敌人，导致敌人走向失败的道路。

由于先人一着而占领战场的有利地位，就能调动敌人，并可以转化敌我形势。为达此目的，就要察明敌人的情况和行动规律，而不让敌人了解自己的情况和规律，即所谓“形人而我无形”（《虚实》）。这样就“深间不能窥，智者不能谋”（《虚实》）了。《孙子兵法》还提出，要“先为不可胜，以待敌之可胜”（《形篇》），就是先要避免自己的弱点，立于不败之地，以寻求消灭敌人的机会。而在待机中，就要“以治待乱，以静待哗……以佚（逸）待劳，以饱待饥”（《军争》）。《孙子兵法》还强调“我专而敌分”（《虚实》），就是要设法使自己兵力集中而迫使敌人兵力分散，这样就有争取主动的力量，能够造成“以十攻一……以众击寡（《虚实》）的有利态势。《孙子兵法》提出了造成敌人过失，使敌人陷于被动地位的办法，如“示形”，即“能而示之不能，用而示之不用，近而示之远，远而示之近”（《计篇》）。毛泽东同志说过：“……我们可以人工地造成敌军的过失，例如孙子所谓‘示形’之类（示形于东而击于西，即所谓声东击西）”（《毛泽东选集》1—4卷袖珍合订本第193页）。又如用“卑而骄之”、“怒而挠之”、“佚而劳之”、“亲而离之”（《计篇》）等办法，都能造成敌人的错觉和不意，使敌人产生弱点，陷于被动。同时自己则保持主动，使自己的进攻像“转圆石于千仞之山”（《势篇》）那样锐不可当，能所向无敌，即谓“兵之所加，如以碫（石）投卵”（《势篇》）一般。

灵活，即灵活机动的思想。《孙子兵法》强调“因敌而致胜”（《虚实》），要求敌变我亦变，反对战争中呆板的作战战术，反对战争中的机械唯物论，反对固守过去的老一套的经验主义的做法。实质上，也就是奇正变化，虚虚实实，真真假假，使敌人无法捉摸，达到胜利的目的。《孙子兵法》提出，双方作战，通常是用“正”（《形篇》）兵当敌，用“奇”（《形篇》）取胜。这种“奇正之变”（《形篇》）是“不可胜穷”（《形篇》）的。部署作战要巧设计谋，“为不可测”（《九地》），这样就可“巧能成事”（《九地》）。它说，“易其事，革其谋，使人无识；易其居，迂其途，使人不得虑”（《九地》）。要求战法经常变化，计谋不断更新，使敌人无法识破机关；驻军常换地方，进军多绕迂路，使敌推测不出意图。《孙子兵法》主张“践墨随敌，以决战事”（《九地》），即不可千篇一律地对待各种不同的战争情况。对不同的敌人要采取不同的对策：对贪利的敌人，则“利而诱之”（《计篇》）；对骄傲的敌人，则卑词示弱，使它麻痹松懈。敌对双方兵力对比不同，作战方法也有所不同：“守则不足，攻则有余，(《形篇》) 即兵力劣势，采取防御；兵力优势，采取进攻。优势的程度不同，打法也不一样："十则围之，五则攻之，倍则分之。"(《谋攻》。"十"和"五"是用以形容优势兵力的概况，并不是具体的规定。) 它还提出对不同的战区（所谓"九地"）要采取不同的行动方针；对不同的地形（所谓"六形"）要采取不同的作战措施。对特殊情况，则要求作特殊的机断处置："涂有所不由，军有所不击，城有所不攻，地有所不争……"(《九变》) 它把作战方式因敌情而变化，比成水形因地形而变化，所谓"兵无常势，水无常形。能因敌变化而取胜者，谓之神"(《虚实》)。

所谓"因敌而制胜"，就是要有一种指挥艺术来摆布敌人，把情况搞清楚——"形之，敌必从之；予之，敌必取之。以利动之，以卒待之"(《势篇》)。这就是说，敌人听我摆布之后，我突然发起进攻（"以卒待之"），必获全胜。

对于摆布敌人，《孙子兵法》还有精辟的论断："故策之而知得失之计，作之而知动静之理，形之而知死生之地，角之而知有余不足之处。"(《虚实》) 策之，是说比较、判断敌我之得失。作之，是说采取一种动作，如"示形"之类，以侦知敌之动静（企图）。形之，是说采取一种佯动，以察明战场地形之险易。角之，是说用战斗侦察，以摸清敌人兵力部署、阵地弱点强点之所在。这样，就可做到："进而不可御者，冲其虚也；退而不可追者，速而不可及也；故我欲战，敌虽高垒深沟，不得不与我战者，攻其所必救也；我不欲战，画地而守之，敌不得与我战者，乖其所之也（把敌人引向他方）。"(《虚实》)

如此灵活运用，自然可以主宰战场，"故曰：胜可为也，敌虽众，可使无斗"(《虚实》)。

灵活用兵的核心问题，就是"兵不厌诈"。《孙子兵法》提出"兵者，诡道也。故能而示之不能，用而示之不用，近而示之远，远而示之近"(《计篇》) 等等。所谓能与不能，用与不用，近与远，远与近，全是体现灵活的精神。如"远而示之近"的原则，是说将在远处采取行动，却在近处故意搞迷惑敌人的动作。例如，公元前205年，韩信隔黄河进攻魏王豹。韩信本意是要从远处的夏阳（今陕西韩城县南）渡河，袭击魏王豹的根据地安邑（今山西夏县西北），却故意在近处临晋征集渡河器材以迷惑敌人。结果，敌人将主力部署在临晋一带，安邑后方空虚，夏阳方面也无戒备，被韩信渡河迂回成功。这是楚汉相争中主要战役之一。

（三）关于军队建设问题

《孙子兵法》关于军队建设问题的思想，反映了新兴地主阶级根据当时新的土地关系而企图革新军制的需要。它关于军队建设问题的思想主要表现在对将帅和对治军两方面的论述中，提出了不少新的主张。

《孙子兵法》关于治军的论述，概括地说，就是用文武兼施、刑赏并重的原则治理军队。《孙子兵法》在战争中“令民与上同意”（《计篇》）的要求，反映在治军中就是“上下同欲”（《谋攻》）。它说“令之以文，齐之以武，是谓必取”（《行军》）。这“文”就是怀柔和重赏，使士卒亲附；这“武”，就是强迫和严刑，使士卒畏服。《孙子兵法》提出“视卒若爱子”（《地形》），目的是要使他们去拼死作战；对俘虏提出“卒善而养之”（《作战》），目的是为了战胜敌人而更加壮大自己。《孙子兵法》的这些治军原则和方法，是当时社会上地主阶级同农奴、奴隶及其他贫苦劳动者的阶级关系在治军思想上的反映，这同奴隶主阶级军队中将帅对士卒极端野蛮、残酷的统治相比，有一定的进步性。但是在军队内部存在着剥削和被剥削阶级对立的条件下，所谓“爱卒”、“善俘”，实际上是不可能做到或不可能完全做到的。

《孙子兵法》很重视和强调将帅的地位和作用，提出了选拔将帅的新的标准，这从其在13篇所占的分量中便可以看出。不管是奴隶主阶级的军队，还是新兴封建主的军队，它都是统治阶级的专政工具，负有对内镇压、对外抵御或侵略的职能。因此，从有甲骨文字记载的商朝开始，奴隶主阶级就要求对军队进行严格的训练，如“庠射”一词，指的就是教习射艺。在战争中也向奴隶们公开宣告：有功者赏，畏敌、逃跑者杀。例如，商汤伐桀的鸣条（今山西运城安邑镇北）之战，商汤在战前动员时说：“尔尚辅予一人，致天之罚，予其大赉汝。尔无不信，朕不食言。尔不从誓言，予则孥戮汝，罔有攸赦。”(《尚书·汤誓》)意思是说，倘若士兵们努力作战，他就奖赏，说到做到；如果谁作战不力，他就连同其妻室儿女全都杀掉，一个也不赦免。

由此可见，我们要评价《孙子兵法》在治军问题上的建树，不能仅仅从一般意义上去考察，否则就无法分清新兴地主阶级同奴隶主阶级在军队建设上的根本区别所在。

自商周以来，军队控制在王室和诸侯国君手里，军队的基干都是其宗族或家族的成员。到了春秋时代，随着奴隶主贵族的没落，各国开始实行官吏的任免制度，逐渐废弃世卿世禄制度。其中官吏的一个来源便是立有军功的庶人工商。这就突破了少数奴隶主贵族垄断官职的现象。

《孙子兵法》论述的建军思想正是适应这一历史趋势的，为了使新兴地主阶级在军队中形成自己的军官队伍。它最重要的武器就是选拔将帅的五条标准——“智信仁勇严”(《计篇》)。孙子把具备五个条件的将官看做是决定战争胜败的“五事”之一，把“将孰有能”(《计篇》)列入“七计”之中。这五条标准是同世卿世禄、论资排辈的奴隶主阶级的选将标准针锋相对的。对于废除在军队中的奴隶制等级制度，促进封建官僚制度的形成是有着积极作用的。这五条标准是孙武关于治军问题的着眼点。《孙子兵法》中有关教育训练赏罚等各方面的论述，都是这五条标准的进一步发挥和解说。

《孙子兵法》对春秋末至战国初新兴的专职的将领提出许多要求，主要是：要“知彼知己”、“知天知地”(《地形》)，了解各方面的情况；要有“知诸侯之谋”(《九地》)的政治头脑；要有勇有谋，要有能“示形”、“任势”(《势篇》)、“料敌制胜”(《地形》)、“通于九变”(《九变》)的指挥才能；要有“合于利而动，不合于利而止”(《九地》)的决断能力；要有“进不求名，退不避罪”(《地形》)的负责精神；对士卒管教要严格，赏罚要严明，要能“令素行以教其民”(《行军》)，要能“与众相得”(《行军》)，使士卒“亲附”等等。《孙子兵法》认为，只有这样的将帅，才是“国之辅也”(《谋攻》)、“国之宝也”(《地形》)。当然《孙子兵法》这里说的“智、信、仁、勇、严”，也是新兴地主阶级选将的标准和要求。

五、《孙子兵法》的军事“地利”学说

在《孙子兵法》13篇中有《九变》、《行军》、《地形》和《九地》四篇，专讲军事地形和军事地理的。其他篇章也有涉及到地形、地理问题的地方。例如《军争》中说：“高陵勿向，背丘勿逆”；“不知山林、险阻、沮泽之形者，不能行军；不用乡导者，不能得地利”等。可见《孙子兵法》对地形、地理之重视。

在《地形》中提出：“夫地形者，兵之助也。料敌制胜，计险阨远近，上将之道也。知此而用战者必胜，不知此而用战者必败。”这里所述的“地形”不能理解为现代军事术语中的“地形”概念，而是指具有现代军事地形学和军事地理学含义的一个概念。鉴于有天时地利之说，所以，我们这里将地形、地理统称为“地利”。

《孙子兵法》的军事谋略思想，特别重视“地利”，认为是克敌制胜的重要条件，所以，他主张如果不具备“地利”条件，“攻城之法”，为不得已。由于他所处时代的限制，终究认为“城有所不攻”(《九变》)，因为“攻城则力屈”(《作战》)。如果出于不得已，一定要攻，那也是兵家的下策，即“其下攻城”(《谋攻》)。孙子强调，“天时不如地利”成为一个时代的兵家有代表性的理论。如兵车会战就需要选择有利地形，且成为夺取胜利的关键，即《六韬·犬韬·战车》所说：“车贵知地形。”

三国时期的军事家诸葛亮，在分析三国形成的军事条件时，指

出曹魏占天时，孙吴占地利，蜀汉占人和，这是就三个政权彼此鼎立的形势、在军事上取其各自的特点而言的。曹魏有汉代基业之旧，又有汉献帝，这是多么好的天时。孙吴得地利之便，据有江东，有长江天险可恃。蜀汉则是一个以刘关张三人为核心、以五虎上将为支柱的团结集团。

天时、地利、人和的观念是随着军事斗争的发展而逐渐形成的。春秋时期，由于指定地点会战，逐渐规模扩大，次数增多，武器改进等，使人们在军事斗争中逐渐认识到地利的重要。而且，在这个历史时期，地利又被军事家认为是具有相当意义的影响战争胜负的因素，“得天时地利者胜”。

《孙子兵法》强调地形是用兵的辅助条件，“夫地形者，兵之助也”。即用兵必因地形而制胜，所以地形为兵之助。指挥战争的人，能“知天知地，胜乃不穷”（《地形》）。春秋时期，战争求得胜利，必须要“知天知地”，就是既掌握天时，又要把握“地利”。所谓“地利”，首先是对地形的掌握。《孙子兵法》分门别类地把有关地形问题加以区分。在《地形》中，将其分为通、挂、支、隘、险、远六种类型；在《九地》，又分为散地、轻地、争地、交地、衢地、重地、圮地、围地、死地九种类型。前者属于战场的自然地理，后者属于预想战场的地理形势和包括国土以外的战略要点。我们概略（难以严格）地用现代军事术语加以区分，前者应属于军事地形学的范畴，后者应属于军事地理学的范畴。

其次，地形属于自然状态，了解以后，应该如何使地形发挥有利于我的作用，《孙子兵法》对上述每一类型，均有细致的解释和处置。他在《地形》中指出：在通形地区“先居高阳，利粮道，以战则利”。在挂形地区，“敌无备，出而胜之；敌若有备，出而不胜，难以返，不利”。在支形地区，“敌虽利我，我无出也；引而去之，令敌半出而击之，利”。在隘形地区，“我先居之，必盈之以待敌；若敌先居之，盈而去之，勿从也”。在远形地区，“势均，难以挑战，战而不利”（《地形》）。《九地》中强调：“散地则无战，轻地则无止，争地则无攻，交地则无绝，衢地则合交，重地则掠，圮地则行，围地则谋，死地则战。”

《孙子兵法》认为判断敌情求得胜利，必须考虑到地理形势的险易和道路的远近，这是一个高级指挥人员必须牢固掌握的问题。并因此更进一步地作出结论道：了解地理形势去进行战争，必然胜利，反之必败。事实也正是这样，古今中外，因不了解战场的地理形势而遭到失败的比比皆是。拿破仑在滑铁卢战役中失败，原因固然很多，但其中在战场上将其重骑兵用于不适当的地形上是重要原因之一。中国历史上的战例更多，如公元前 645 年，秦晋战于韩原（今陕西韩城一带），“晋戎马还泞而止”，因为地形不熟，使战车陷于泥泞而无法行动，不仅战败，晋惠公还被俘虏。公元前 589 年，齐顷公被晋军战败，在退却中，“骖絓（挂）于木而止”，这是在退却中不明地形，战车被丛木挂住，而不能行动，齐顷公几乎被俘。

《孙子兵法》十分强调在沼泽地和对隐蔽地作战应注意之点。指出“绝斥泽，惟亟去无留”；“军行有险阻、潢井、葭苇、山林、翳荟（yì huì），指草深林密之地）者，必谨复索之，此伏奸之所处也”（《行军》）。这是说，遇到盐碱和潮湿、沼泽地带，必须迅速通过；对于险要，特别是隐蔽的地形，必须严密搜索，这是敌人打埋伏的地方。这些原则，仍不失其在现代战争中的作用。例如，第一次世界大战中，沙俄的沙门索诺夫将军所率领的 10 万大军就是被德军全部歼灭于沼泽地带的。至于在险要和隐蔽地区遭受伏击者，在现代战史上更是层出不穷。

《孙子兵法》非常重视“衢地”在战争中的作用。它对“衢地”是这样下的定义：“诸侯之地三属，先至而得天下之众者，为衢地，……衢地则合交。”又说：“衢地，吾将固其结。”（《九地》）十分明显：“衢地”的大概念，一般指的是不在本国领土之内的，但却是最重要的战略要地，事先占领，就可以得到全局（天下）的利益。这个战略要点，既不属于本国，必然距离很远，兴师动众去进行攫取，并不是容易做到之事，而且必须是“先”敌而占领。孙子对攫取这样的战略要点的手段也是明确而合理可行的，即所谓“合交”和“固其结”，就是运用外交手段而牢固地与属于此战略要点的国家结盟。

虽然，现代人类已进入空间，卫星也广泛应用于军事，特别是航天飞机的发明，使得未来战争有在外层空间进行的可能。但归根结底，一切还是要受大地的制约：卫星和航天飞机是发自大地，它们进行侦察并加以摧毁的敌方战略要点，经济基地，都还是在大地之上。世界各国军事院校学习的“想定”，在下决心，定计划所根据的四个要素——敌情、我情、时间、地点，仍是缺一不可的。因此，《孙子兵法》关于“地利”的思想对现代战争仍然具有现实意义。

六、《孙子兵法》的军事心理学思想

军事心理学思想贯穿于《孙子兵法》全书之中，但不系统，带有自发性。然而，它既是对前人和当时战争经验的总结，又对指导当时的战争起了重要作用。这对于我们探讨在各种不同战争环境中敌我双方心理活动的一般规律，提高军事指挥艺术具有重要的参考价值。

《孙子兵法》中的军事心理学思想首先表现在将帅修养上，它告诫要注意气质和性格上的缺陷可能带来的危险。《九变》中指出：为将者，有五种危险的性格和气质（“将有五危”）要戒除：一戒有勇无谋，只知死拼，就有可能被诱杀（“必死，可杀也”）；二戒临阵畏怯，贪生怕死，就可能被敌俘虏（“必生，可虏也”）；三戒急躁易怒，一触即跳，就可能受敌凌辱而妄动（“忿速，可侮也”）；四戒廉洁好名，过于自尊，就可能被敌凌辱而失去理智（“廉洁，可辱也”）；五戒过分溺爱部属，易被敌人烦扰而陷于被动（“爱民，可烦也”）。《火攻》中告诫“主不可以怒而兴师，将不可以愠而致战”。

战争中，指挥员的思想意志、气质和性格上的缺陷，常可成为对方“攻心”的缺口。因此，古今军事家都非常强调指挥员的思想品德修养和气质性格陶冶，有的将领为了克服脾气暴躁的弱点，甚至专门把“制怒”的匾额悬于厅堂、挂于卧室，时时慎思省悟，谨防由于忿怒而迸发出的肝火烧昏头脑。

有人曾把人的性格加以分类，说军事指挥员的性格应该是惰性思维型的——遇事沉着、冷静。且不说这种分类法是否科学，仅就指挥员应该沉着，冷静来讲，却是颇有道理的。例如，楚汉战争中，一次刘邦与项羽交战，刘邦大骂项羽，不料被项羽用箭射中胸口，不能坐立马上。可是他没有马上抚摸伤口，而是曲身去摸脚，并对周围的将士大声说，恶奴射伤我的脚趾。因此，将士们不知道他身受重伤，没有溃散，仍个个奋勇迎敌。

古代军事家们在危险关头沉着、冷静，泰然处之的情绪和表现，对于稳定军心，迷惑敌人起了多么重要的作用！在冷兵器时代，沉着、冷静对一个军事指挥员尚且如此重要；在现代条件下的战争中，由于大量新式武器、装备、器材运用于战场，战场范围广阔，军队机动频繁，战斗形式转换迅速，战机稍纵即逝，在战斗发展的进程中随时可能出现各种想象不到的复杂情况，沉着、冷静对指挥员就显得更加重要。譬如当受领紧急而艰巨的任务时，只有沉着、冷静，才能不慌乱，通过精心思考，找出利弊条件，有条不紊地制定出完成任务的计划和方法；当战场上突然出现了意想不到的情况时，只有沉着、冷静，才能对情况作出正确的分析、判断和处置；当处于危急关头时，只有沉着、冷静，才能不失去理智，不动摇信念，采取正确措施，及时转危为安；当取得胜利时，只有沉着、冷静，才能不轻敌，不松懈，不忘乎所以，并周密地筹划下一步的行动。当然，我们这里说的沉着、冷静，不是优柔寡断，不是慢慢吞吞，疲疲塌塌。沉着、冷静不是目的，目的是使一个指挥员保持稳定的情绪，清醒的头脑，自由地运用其思维能力，在紧张、复杂、艰难的情况下能够迅速果断地拿出良策妙计。

也许有人会问：人们不是常说军事指挥员最可贵的性格是勇敢和果断吗？是的。大凡著名的军事家，都具有这种性格。但是，很多事实说明，“匹夫见辱，拔剑而起，挺身而斗，此不足为勇也。天下有大勇者，卒然临之而不惊，无故加之而不怒”（苏轼《留侯论》）。任何勇敢的行动、果断的决定，都是在沉着、冷静中认真思考的产物，如果失去了沉着和冷静，而处于惊恐万状之中，无论何人，是断然表现不出真正的勇敢和果断的。特别是在战场上，这个问题会异常突出地表现出来。

不同的将领必然有不同的思维方法和心理特征。只有仔细分析每一个个性化的将帅的心理，才能针锋相对、灵活运筹，主动地拨动敌人的算盘珠。诸葛亮敢于在大势已去的不利态势下城头抚琴，出奇弄险，那是因为他摸透了司马懿的心理。空城计的胜利，可以看做是军事心理学的妙用。空城计是不得已而为之的权宜之计，然而它最终化险为夷却并不属于侥幸。这正如诸葛亮事后指出的那样，司马懿“料吾平生谨慎，必不弄险”。在长期的交锋中，司马懿对诸葛亮的谨慎用兵和不肯弄险深信不疑，所以当人家一反常态偏偏弄了一次险的时候，便大出其所料。司马懿在一座空城面前疑虑重重，下了“宜速退兵”的命令，生动地表明诸葛亮在揣度对方心理方面高人一筹。倘若魏军的统帅不是司马懿，而是他的次子司马昭，诸葛先生就可能当俘虏。

空城计这则历史故事告诉我们一个深刻的道理：敌方指挥员的气质、性格及其在战争中的心理活动，是我们构成正确判断、下定决心的重要依据。不了解具体的对手，再微妙的韬略也难以见效。电影《战上海》里，刘义老奸巨猾，邵壮刚愎自用。前者的心理是保存实力，隔岸观火；后者的心理是不惜血本，一味邀功。由于我军正确分析了敌人两种不同的心理状态，狠打了狼羔子邵壮，并在军事打击的同时加强政治瓦解，迫使刘义倒戈。如此恰到好处的战争指导，是和军事心理学的应用分不开的。

毛泽东是主张摸熟敌人指挥员脾气的。对敌人心理活动的精微分析是他军事指挥艺术中非常精彩的部分。比如平津战役前，他在作战方针中分析，华北 60 万蒋军预感到我军战略进攻的下一个目标将落在他们头上，已成“惊弓之鸟”。但是由于傅系蒋系之间貌合神离，是守，是撤，是从海上南逃靠拢蒋介石，还是西窜绥远自踞一隅，却尚在踌躇徘徊、举棋不定之中。正是基于这样的分析，我们才产生了一系列环环紧扣、妙不可言的战役步骤：撤围归绥，缓攻太原，对华北诸敌隔而不围，围而不打，淮海前线两周内不作最后歼灭之部署……这就巧妙地隐蔽了我军企图，稳住了傅系，拖住了蒋系，迅速完成了对平津之敌的战略包围和战役分割，陷敌于欲收不能、欲战不利、欲逃无路的绝境。

《孙子兵法》中的军事心理学思想还表现在敌我双方争夺战争主动权上，它提出“治气”、“治心”的主张。首先是“治气”。“三军可夺气”（《军争》），即三军可以挫伤其锐气。《孙子兵法》解释说：“朝气锐，昼气惰，暮气归。故善用兵者，避其锐气，击其惰归，此治气者也。”（《军争》）这就把敌军“士气”分为三个阶段：第一，军队初战的时候，士气比较旺盛；第二，经过一段时间之后，就逐渐怠惰；第三，到了后期，士卒就会气竭思归。所以善于用兵的人，总是避开敌人的锐气，等到敌人松懈疲惫了才去打它，这是掌握军队士气的方法。《尉缭子·战威·第四》中说：“讲武料敌，使敌之气失而师散，虽形全而不为之用，此道胜也。”这就是说，研究军事，分析敌情，设法造成敌人士气低落，部队涣散，使它的军队虽然形式上保持原建制，但实际上已不能用来作战，这就是用政治策略取胜。显然，这是对《孙子兵法》“三军可夺气”思想的解释和发挥。

富有实战经验的拿破仑说过：一支军队的实力，四分之三是由士气构成的。这个比例不一定科学，但有一点可以肯定，士气是构成部队战斗力的精神要素。一支军队的士气高低，直接影响着战争的胜负。所以，古今中外的名将，都把挫伤敌人的锐气，激励自己部队的士气，作为用谋定策的重要内容。

夺其气，意在竭其力。这里就有一个疲惫敌人、适时用兵的问题，也就是孙子讲的“避其锐气，击其惰归”。

毛泽东同志说："孙子的'避其锐气，击其惰归'，就是指的使敌疲劳沮丧，以求减杀其优势。"（《毛泽东选集》1—4卷袖珍合订本192-193页）春秋时期，齐鲁两国军队战于长勺，曹刿采取后发制人以待其衰的策略，等齐军击鼓三次、进攻受挫后再行反击，结果使齐军的士气"三鼓而竭"，鲁军则一鼓作气，挫败齐军。在这里，善于调动敌人，持重待机，乃是打击其士气的关键。我军在井冈山斗争时期创造的适应当时游击战争"敌进我退，敌驻我扰，敌疲我打，敌退我追"（同上书第188页）的"十六字诀"，以及在后来的解放战争初期采用的"蘑菇战术"，都是为了把敌人磨得锐气消尽、士气沮丧再予以歼灭。

士气，即兵士的战斗意志，既属于军事心理学的范畴，也属于政治思想的范畴，自然和战争的性质分不开，和爱国心、民族感分不开，和士兵的思想情绪分不开。所以，"夺气"的谋略也就包含着政治上瓦解敌军的工作。楚汉相争末期的垓下一战，韩信用"四面楚歌"，使陷于困境的楚军丧失斗志，加速了项羽的灭亡。晋朝时，大将军刘琨戍边守防，被胡兵围困城中，危在旦夕。刘琨在万般无奈之际，忽然心生一计，他乘星月当空，旷野寂静，三次登城吹奏胡笳。这深沉哀怨的思乡曲，勾起胡人的怀乡盼归之情，他们凄然洒泪，撤兵而去。刘琨不战而解重围，这和韩信"四面楚歌"的用法相同，但情况各异。韩信的"四面楚歌"，是处在优势主动地位时夺敌士气，以配合军事打击，刘琨"月夜吹笳"，则是处在劣势地位，夺敌士气，不战而屈人之兵。由此联想到，毛泽东同志把瓦解敌军工作列为我军战时政治工作的三大原则之一，是很有远见的。

在作战中，夺敌士气和鼓己士气，是指挥员需要相互关照的一个问题的两个方面。古人激励部队士气的方法很多，有些仍可为今日借鉴，但对无产阶级军队来说，从根本上启发士兵的阶级觉悟和爱国热情，才是产生士气的精神源泉。建立在阶级觉悟之上的士气，才能不为敌所夺，经得起持久战争的考验。

其次是"治心"。"将军可以夺心"（《军事》），即将军可以动摇其决心。《孙子兵法》解释道："以治待乱，以静待哗，此治心者也。"这就是说，以自己的严整来对待敌人的混乱，以自己的镇静来对待敌人的哗恐，这是掌握军心的方法。《十一家注孙子·军争》注中说："心者，将之所主也""怒之令愤，挠之令乱，间之令疏，卑之令骄，则彼之心可夺也。"这就是说，作战决心是指挥员用兵的思想主导。用气恼敌将的方法使他忿激，用疑兵扰乱敌将的情绪，用离间手段使敌营上下互不信任，用示弱使敌将骄傲麻痹，这样他的正确决心就会动摇改变了。

英国哲学家培根说过：心思中的猜疑犹如鸟中的蝙蝠，它永远是在黄昏里飞的……这种心理使精神迷惘，疏远朋友，而且也扰乱事物，使之不能顺利有恒。假如我们的指挥员能针对敌将心中的"蝙蝠"，广施欺敌假象，使他沉溺于犹豫狐疑的烦恼中而遇事不决，这就是"夺心"之一法。

夺心，也叫攻心。"能攻心则反侧自消从古知兵非好战；不审势即宽严皆误后来治蜀要深思"。这是清人赵藩写在成都武侯祠诸葛殿前的一副对联。据历史记载，孔明用兵作战，非常注重攻心。他提出的"用兵之道，攻心为上，攻城为下；心战为上，兵战为下"，可以说是对孙武"上兵伐谋"思想的发展。他用兵南中，推行"和抚"政策，七纵七擒，收服孟获，可谓攻心的范例。

夺其心，意在乱其谋。指挥员正确的决心来源于正确的判断，而指挥员的判断，又常常受到心理活动和认识习惯的制约，如先入为主、常见不疑、循规见常等。认识习惯，也往往是对方"夺心"的攻击点。1942 年 11 月，苏军在斯大林格勒地区发起了反攻作战。战役第一阶段，担任穿插突击任务的西南方面军第 26 坦克军，突进到彼烈拉佐夫斯基附近后，发现德军开始向顿河撤退。为了争取时间迅速断敌退路和防止德军龟缩，军长罗金少将决定利用夜暗，秘密地派一支坦克先遣队，穿插到位于敌防御纵深的卡拉奇城附近，抢占顿河上唯一剩下的一座桥梁。按说，夜间秘密穿插，应当严格控制灯火，进行严密伪装，随时准备展开战斗队形。可是罗金少将却一反常规，命令先遣部队成行军纵队，全部打开车灯，沿着奥斯特罗夫到卡拉奇的公路，穿越德军防御阵地，安然向渡河处开进。车灯照得大地雪亮，坦克一辆紧接着一辆在德军眼皮底下行驶。如果这时德军实施两翼夹击，苏军这些坦克将全部成为德军反坦克武器的活靶子。然而，德军指挥官看见这些坦克有条不紊，从容不迫，竟然连起码的侦察手段都没有采取，就断定是自己撤退的部队，于是乎大开绿灯，让这支苏军坦克部队没费一枪一弹，就大摇大摆地突入防御纵深数十公里，抢先夺占了顿河通道。苏军这一似乎是冒险的穿插行动，可以说是灵活运用“夺心”计谋的成功。即所谓：假作真时真亦假，无为有处有还无。

《孙子兵法》的军事心理学思想还表现在战斗行动中，它联系各种地形条件分析士兵的心理，并提出相应措施。如“散地（诸侯在本国境内作战的地区）则无战”《九地》。即在散地上不宜作战，因为散地处于本国，士兵离家较近，进无必死之心，退有投归之处，打起仗来，容易逃散，所以不宜进攻敌人。再如“轻地（进入别人国境不深的地区）则无止”（《九地》）。即在轻地上不宜停留，因为轻地离本国不远，进入敌国不深，士兵恋家，难进易退，所以要前进不止。“九地之变，屈伸之利，人情之理，不可不察”（《九地》）。这就是说，根据不同地区采取不同的行动方针，适应情况，伸缩进退，掌握士卒在不同情况下的心理状态。这些都是不能不认真考察和仔细研究的。可见，《孙子兵法》的地形分类，不仅注意了地形本身的特征，同时还考虑了人的心理要素。

《孙子兵法》的军事心理学思想还表现在战斗过程中，它着眼部属的处境心理：“故兵之情，围则御，不得已则斗，过则从。”（《九地》）这就是说，士卒的心理状态是：被包围就会协力抵御，迫不得已就会拼死战斗，陷于危险的境地就会更好地听从指挥。《九地》中还指出，在一定条件下，部队一旦置身于无路可走的绝境，就会面临生与死的选择，就可能合力拼死求生，至死不败，尽力奋战（“投之无所往，死且不北，死焉不得，士人尽力”）。因此，必要的时候，要不拘常法，舍得把部队置于逆境，以期激发他们无比的勇气，使他们能像春秋时候的勇士专诸、曹刿那样勇敢（“兵士甚陷则不惧，无所往则固，深入则拘，不得已则斗。……投之无所往，诸刿之勇也”）。这些做法早被古代名将们所实践，并取得了成功。《史记·淮阴侯列传》记载，韩信率兵攻赵，他命令10000人作先头部队先行，背靠河水摆阵势。赵军望见，讥笑汉将不懂兵法，但战局一开，水边军士都拼死战斗。兵力、人数占绝对优势的赵军非但不能打败汉军，反而被汉军所败。事后部下问韩信为什么要设“背水阵”，韩信说：“兵法不曰，‘陷之死地而后生，置之亡地而后存？’”这是根据《孙子兵法》“投之亡地然后存，陷之死地然后生”（《九地》）的话演化而来的。韩信令部队背靠大河，前临大敌，后退无路，从而坚定全军拼死求胜的决心，取得了以少胜多，临危反胜的战绩。

《孙子兵法》的上述观点带有很大的历史的和阶级的局限性。但是，它重视心理要素，从各种情况着眼，分析心理，判断敌情，周密思索，巧出奇谋的这些思想和做法能在两千多年以前就提出来，的确是难能可贵的。

七、《孙子兵法》在国内的深远影响

《孙子兵法》13篇共约6000余字，加之后人的断句标点也不过8000来字，但却文字苍古雄劲，内容博大精深，揭示了战争的最一般规律，在中国军事史和军事学术史上都占有重要的地位。

《孙子兵法》是一部“舍事而言理”，采用“抽象法”论述军事领域内部联系和规律的杰出著作。它又是从战略高度来论述军事问题的，具有高屋建瓴的气势，详备富赡的内容。书中充满着对睿智聪颖的赞扬，饱含着对昏聩愚昧的鞭挞，显露出对穷兵黩武的警告，贯穿着对军事哲理的探索。许多名篇警句，有着极其丰富的思想容量。这些，充分表现出孙武过人的创作天赋和慧眼卓识。兵学家们学习它，得以登堂入室，从而步入军事学的宝库；军事家们学习它，得以领悟制胜之本，从而点燃起智慧的圣光。

《孙子兵法》早在战国时代就广为流传，“境内皆言兵，藏孙、吴之书者家有之”（《韩非子·五蠹篇》）。汉代则为兵官的教科书，隋唐称为“兵经”。明朝茅元仪在《武备志·兵诀评》中说：“前孙子者，孙子不能遗；后孙子者，不能遗孙子。”此种评价虽为溢美之辞，但确实道出了《孙子兵法》在几千年封建社会军事学术史上的作用和地位。

兵学家在军事著作中征引《孙子兵法》文句的，可以举出《吴子》、《孙膑兵法》、《尉缭子》、《潜夫论》、《淮南子》、《鹖冠子》等，至于唐代的《李卫公问对》、宋代的《虎钤经》、元代的《百战奇法》、明代的《登坛必究》，更是或全书、或某篇以发挥《孙子兵法》来树立自己的学术论点的。

军事家直接以《孙子兵法》指导战争的，更是不计其数。以《史记》为例，在孙膑、赵奢、韩信、黥布等人的列传中，都有这方面的记载。

后世对《孙子兵法》的学习是十分广泛的。秦末，项梁以之教过项籍（见《史记·项羽本纪》）；汉初，武帝曾打算以之教霍去病（《史记》卷110）。《后汉书·冯异传》载：东汉名将冯异就很精通《孙子兵法》。至于三国以后，由于曹操首注《孙子兵法》，以后注家蜂起，吴有沈友，梁有孟氏，唐有杜牧、陈皞、纪燮、肖吉、贾林，宋有梅尧臣、何延锡、张预、郑有贤等10余家，元有潘衍翁，明有刘寅、赵本学等50余家，清有汪淇、朱镛等30多家。

《孙子兵法》历来被尊为“兵经”，号称兵学鼻祖，两千多年来久负盛誉。这只须略举数例便可看出。司马迁说：“世俗所称师旅，皆道孙子十三篇。”（《索引述赞》）宋朝郑厚在《芝圃折衷》中说：“孙子十三篇，不惟武人之根本，文士亦当尽心焉。其词约而缛，易而深，畅而可用。《论语》、《易》、《传》之流，孟、荀、扬著书皆不及也。以正合，以奇胜，非善也；正变为奇，奇变为正，非善之善也；即奇为正，即正为奇，善之善也。”明朝抗倭民族英雄戚继光说：“予承乏浙东，乃知孙武之法，纲领精微，为莫加焉。第于下手详细节目，则无一及焉。犹禅家所谓上乘之教也。”（《纪效新书·自序》）近代，伟大的革命先行者孙中山先生说过：“就中国历史来考究，二千多年的兵书，有十三篇，那十三篇兵书，便成立中国的军事哲学。所以照那十三篇兵书讲，是先有战斗的事实，然后才成那本兵书。”（《孙中山选集》第672页）

八、《孙子兵法》在国外的巨大声誉

《孙子兵法》的问世，标志着独立的军事理论著作从此诞生，因而在世界军事史上是一件具有划时代意义的大事。它比色诺芬（前403—前355或354）的号称古希腊第一部军事理论专著《长征记》，比罗马军事理论家弗龙廷（约35—约103）的《谋略例说》、韦格蒂乌斯（四世纪末）的《军事简述》，不仅成书时间要早，学术性要强，而且有其独特新颖的思想体系。它几乎涉及了军事学中理论科学的各个门类，各个分支学科。它在军事学术上的理论意义，不仅跨出了奴隶制时代，也跨出了封建时代，直到今天，也仍然有着宝贵的借鉴作用和某种程度的指导意义。

《孙子兵法》在外国的流传，以日本最早，朝鲜次之。据《续日本纪》记载，早在唐代（日本奈良时代），《孙子兵法》就流传到了日本，距今已经1200多年了。那么，我国兵书是怎样传到日本，又是由谁传去的呢？要回答这个问题，还得从日本遣唐使说起。我国唐朝，是当时东亚政治、经济、文化中心，周围国家纷纷遣使朝贡，派遣各方面人材入唐留学，其中以日本派遣留学生最多，学习成就最大。例如日本第8次遣唐使于公元717年3月到中国，留唐学生阿倍仲麻吕（中国名晁衡）不但完成了“国士学”的学业，而且接受了科举考试，并以优异成绩考中了唐朝进士。与阿倍仲麻吕同时到中国留学的吉备真备，年方20岁左右，出身于右卫士少尉这样一个军人家庭，自幼养成了与阿倍仲麻吕完全不同的性格，虽不擅长吟诗作文，但出众的才华却表现在各种实用的学问方面，其中对军事钻研尤深。他没有进太学，而是拜赵玄默为老师，单独受业17年，不但精通六艺，而且谙熟兵法，尤其对《孙子兵法》、《吴子兵法》钻研最深。他把从唐朝所得的全部钱款，都完全用来购置各种书籍，“所得锡赉，尽市文籍，泛海而还”（《旧唐书·东夷传》，中华书局点校本）。公元734年，吉备真备带着在唐18年所取得的丰硕成果回国。他把从唐朝所学、所购和受赠的大量图籍和物品奉献给了本国朝廷。其中弓矢之类的兵器占很大分量，《续日本纪》上的清单中有弦缠漆角弓1张，马上饮水漆角弓1张，露面漆四节角弓1张——均为骑兵用的角制弓；射甲箭20支，平时箭10支——皆为箭矢。由此可见，吉备真备对军事非常热心。他带回日本的大量图籍的详细目录虽然没有流传下来，但是，从吉备真备回国后任太宰少贰和太宰大贰期间，曾经向工役人员讲授《孙子兵法》、《吴子兵法》和诸葛亮八阵图的记载看，包括《孙子兵法》在内的我国的古代兵书通过吉备真备传到了日本是毫无疑问的。

《孙子兵法》在日本的流传，开始靠汉文本传抄传读，直到公元1660年才出现日译的《孙子兵法》。在德川幕府时代，日人研究《孙子兵法》的就有50余家，诸如林罗山《孙子谚解》、藤益《孙子摘要》、佐枝尹重《孙子管蠡》、吉田松荫《孙子详注》等。

《孙子兵法》的西传，以法国神父约瑟夫·阿米欧在公元1772年于巴黎翻译出版的法文《中国军事艺术》丛书为最早。此书共收6部兵书，《孙子十三篇》是其中的第2部。公元1905年，英人卡托普译《孙子兵法》为英文，在东京出版。公元1910年，英国汉学家贾尔斯译为《孙子兵法——世界最古之兵书》在伦敦出版。公元1910年，布鲁诺·纳瓦拉译为德文《中国的武经》在柏林出版。到了现代，世界上许多国家都有《孙子兵法》的不同译本。

《孙子兵法》传到国外以后，对世界各国军事学术思想产生了极其积极的影响，受到很高评价和赞誉。日本人说：“《孙子兵法》自奈良时代（公元710—784年）传到日本以来，给日本历史、日本人的精神方面以较大的影响。”（摘译自日本《读卖新闻》1974年4月16日的文章：《发掘出来“两个孙子”》）孙武被尊为“武圣人”，《孙子兵法》被推崇为“兵学圣典”、“世界第一兵家名书”。日本战国时代（公元15世纪末至16世纪70年代）的著名武将武田信玄非常崇拜《孙子兵法》，以《孙子兵法》为座右铭。他把《孙子兵法》中“其疾如风，其徐如林，侵掠如火，不动如山”四句话写在军旗上，竖于军门。日本古代的各种兵法，考其源流，无不与《孙子兵法》有着极其密切的联系。如日本著名古代兵书《甲阳军鉴》、《信玄全集》、《兵法记》、《兵法秘传》等，其主要思想，都出自于《孙子兵法》。著名军事将领活用《孙子兵法》而取胜的战例在世界战争史上也不乏记载。如日本八幡太郎曾向太江匡房学习《孙子兵法》，在陆奥战役中，他看见雁鸟乱飞，想起了《孙子兵法》行军篇中的“鸟起者，伏也”，遂判断敌有伏兵，改变了作战计划，脱离了危险。日俄战争中，日本联合海军总司令东乡平八郎在出发时没有带任何日本典籍，只随身携带了一册《孙子兵法》。在对马大海战中，他大败俄国海军，其阵法就出自于《孙子兵法》。战争结束后，他曾用两句话概括他战胜俄军的道理，这两句话就是《孙子兵法》中的“以逸待劳，以饱待饥”。而陆军大将乃木希典，在战后则以私费出版《孙子谚义》赠友。可见《孙子兵法》在日本将领指挥作战中的地位和作用是多么的重要。

在欧洲，叱咤风云的军事家拿破仑，在戎马倥偬的战阵中，手不释卷地批阅《孙子兵法》。德皇威廉第二发动第一次世界大战失败以后，在没落的侨居中看到《孙子兵法》，当他读到“主不可以怒而兴师，将不可以愠而致战，合于利而动，不合于利而止。怒可以复喜，愠可以复悦，亡国不可以复存，死者不可以复生，故明君慎之，良将警之，此安国全军之道也”（《火攻》）那段话时，曾发出这样地浩叹：“早20年读《孙子兵法》，就不会遭亡国之痛苦了。”著名德国军事家克劳塞维茨也受到《孙子兵法》的影响，他的名著

《战争论》就继承了《孙子兵法》的许多思想。英国托马斯·费立普少校主编的《战略基础丛书》，把《孙子兵法》排在第一位。

世界各国许多明智的军事将领，无不读《孙子兵法》，无不用《孙子兵法》，他们在学习中领悟到了《孙子兵法》的真谛，在运用中体会到了《孙子兵法》的伟大，无不给予高度的评价和赞美。有的称《孙子兵法》为东方兵学鼻祖，武经的冠冕。如日本陆军士官学校教官尾川敬二说："孙子是东方兵学的鼻祖，武经的冠冕；东方各种兵法，说皆出自孙子，实是不错……至其文章苍古雄劲，与内容之美满相映，大有优于六经之概；……又如其格言规箴，最为脍炙人口，可以当为处世的教训，而贡献于一般人士者不少。故孙子不独在兵法上具有最高权威，且在思想上亦蔚为巨观。"（尾川敬二著《孙子论讲·自序》，转引自《孙子兵法体系精解》30 页）也有的称《孙子兵法》为武经神理和汉兵法的源头。如福田胜久说："伟哉武经之神理，通治乱，辨兴衰，实天下之至宝也。"（谈今著《中国历代兵书述略》，载《文献》第七期）福本义亮说："《孙子》者，武经中之冠冕，而和汉古今之兵法，非未曾源于此者也。……而其意图深远，其谋画精细，其术略的确，乃以孙子所以为兵之神也。古来我国名君贤将多精读之。"（同上）还有的称孙、吴兵法为言简意赅的篇言。如美国海军上校柏特逊说："在遥远的中国，有两位将军，他们所有的关于战争的议论，都可以凝集在一本小册子里，不像克劳塞维茨那样写了九大巨册，自足地写下了数量有限的篇言。每则箴言都具体表现了他们关于战争行为的信条和重要教义。这两位军事主宰者——孙子和吴子，他们无价的真理，已经长存了两千年。"（转引自王健东著《孙子兵法思想体系精解》）还有称孙子为战略学的始祖。如美国国会研究防务问题的高级专家、美国国防大学战略研究所所长约翰·柯林斯在他的《大战略》中说："孙子是古代第一个形成战略思想的伟大人物。他于公元前 400—320 年间（此时间不确。按《史记·伍子胥列传》上限应是公元前 512 年）写成了最早的名著《兵法》。孙子十三篇可与历代名著包括 2200 年后克劳塞维茨的著作媲美。今天没有一个人对战略的相互关系、应考虑的问题和所受的限制比他有更深刻的认识。他的大部分观点在我们的当前环境中仍然具有和当时同样重大的意义。”（见约翰·柯林斯著《大战略》，军事科学院翻译出版）

英国学者利德尔·哈特在其所著《战略论》的扉页上，所引军事家语录不仅以孙子的语录列于篇首，而且占三分之二的数量，21条语录中孙子的就占15条。他甚至这样评价孙子“全胜”的思想，认为：“最完美的战略，也就是那种不必经过严重战斗而能达到目的的战略——所谓不战而屈人之兵，善之善者也。”

苏联米里施坦因·斯洛博琴科在1957年出版的《论资产阶级军事科学》一书中，对《孙子兵法》作了简要的介绍和较为公允的评价。我们无妨把他的论述摘录如下：

“……最早、最优秀的是孙子的著作。毛泽东同志称孙子为中国古代大军事学家。孙子的著作叫做《孙子兵法》，它的写作年代大约是纪元前6世纪末5世纪初，在这本著作中，孙子总结了当时中国奴隶主所进行的战争的丰富实践，奠定了古代中国军事科学的基础。”

“《孙子兵法》共有13篇……。单单这些篇名就足以说明作者具有极为丰富的军事知识，说明他具有研究军事问题的极为深刻的方法，同时也显示作者叙述问题所用的独特形式。”

“……孙子的著作对亚洲各国各个历史时期军事科学的发展都有巨大影响。在19世纪，甚至20世纪，中国、朝鲜和日本都把孙子兵法规定为训练军官的必修课程。”

正因为国外的一些军事家认识到了我国古代兵书《孙子兵法》在战争中的意义，所以许多国家把《孙子兵法》作为培养军官的教科书、军人的必修课。如日本德川家康曾专门出版《孙子兵法》，作为军事教材，发给日本官兵学习。有的国家的军事院校的主要教材，就是我国的《孙子兵法》。美国陆军作战学院院长发言人霍松说：《孙子兵法》简明扼要，好记好学，又充满哲理，学生们都爱学。《孙子兵法》是“国家战略”课程教科书之一。又说，孙子是该学院学员们最喜欢的战略家之一。名噪第二次世界大战期间的英国名将蒙哥马利元帅，积极主张世界各国的军事学院把《孙子兵法》列为学员必修课目。

我国古代兵书不但广为世界各国军事家所学习和运用。而且在国外已经成为一种专门的学问，被深入研究。更有趣的是，它还极大地吸引着广大政治家、哲学家、文学家、历史学家，甚至连企业家，商人等也争相研读《孙子兵法》。《孙子兵法》已渗透到了人们的政治文化生活之中，“知己知彼，百战不殆”成为人们的口头格言，就连法国的电影《蛇》的序言也以《孙子兵法》中的话为导语。日本的体育运动和营业战略也直接引用《孙子兵法》中的辞句作口号。日本天皇带头学习中国的兵书，让海军中将佐藤铁太郎给他讲授《孙子兵法》，为此佐藤铁太郎专门著了《孙子御进讲录》。我国古代兵书俨然成了取之不尽、用之不竭的百科性的宝库。军事家评《孙子兵法》为“兵学圣典”；文学家评为“与其说是兵学的书，不如说是文学的书”，是“不朽不灭的大艺术品”；政治家评为“外交教科书”、“政治秘诀”；哲学家乃至企业家则评为“人生哲学”等。

世界上重要的工具书大都收进了孙子的资料。查阅世界著名的百科全书，例如英国的《不列颠百科全书》，苏联的《苏联大百科全书》、《苏联军事百科全书》，日本平凡社的《世界大百科事典》等，都列有孙子的条目，《不列颠百科全书》第15版孙子条目写了一千字的释文。

为适应各方面的需要，翻译、注释的《孙子兵法》以及研究专著，在世界各个角落相继出现。当然，各国译注的种类和数量是大不相同的，就国家而言，还要首推日本。早期的日本文人大都能阅读汉籍，所以他们研读的是汉文兵书，并且直接大量翻印我国兵书，日本主要的汉籍目录上几乎都著录有翻刻的《孙子兵法》。自公元1660年开始，出现用日文翻译的中国兵书《孙子兵法》。用日文撰写的研究专著和注释本，如林罗山的《孙子谚解》、物徂徕的《孙子国字解》，佐佐木琴台的《孙子合契》，犬饲博的《孙子话说》，筱崎司直的《孙子发微》，河田东岗的《孙子句解》，佐藤一斋的《孙子副诠》，平山行藏的《孙子折衷》，吉田松阴的《孙子评注》，阿多俊介的《孙子之新研究》，佐藤坦的《吴子副诠》等等。以上均为军界以外人士所著，其中以物徂徕的《孙子国字解》和吉田松阴的《孙子评注》流行最广。与此同时，军界研究《孙子兵法》的热情更高，陆海空军各有专著问世。如陆军中将落合丰三郎的《孙子例解》，海军中将佐藤铁太郎的《孙子御进讲录》，辎重兵大尉冈本的《古代东洋兵学·孙子解说》，空军少将大场弥平的《孙子兵法》等等。这各式各样的著者，站在不同的立场，从不同的角度对《孙子兵法》进行深入的研究，有的从哲学方面研究，有的从政治外交方面研究，有的从战史和名将言论方面研究，有的从海军理论方面研究，有的从空军战略战术方面研究，有的从战斗纲要、军队教育等方面研究，还有的从近现代战争理论方面研究，各有研究宗旨。但他们共同的目的是吸取《孙子兵法》等中国古代兵书中对他们有用的东西，为其现实服务。

近几年，日本研究《孙子兵法》等中国兵书更深入一步，有的开展孙子思想史的研究，如佐藤坚司的《孙子的思想史研究》；有的把孙子和毛泽东同志的军事思想对照起来研究，如《孙子与毛泽东》；有的把孙子与中日战争联系起来研究，如《孙子兵法与中日战争》；还有的逐字逐句地研究《孙子兵法》。为适应这一研究的需要，日本东北大学中国哲学研究所于1971年特编撰了《孙子索引》，这是我国古代兵书的第一部专书索引。同时，出版中国兵书的热情仍然很高，从1974年至1980年，连续出版了上田宽的《孙子义疏》、山井涌译的《孙子、吴子》等。另外各种报纸杂志上还发表了很多研究《孙子兵法》等中国兵书的论文。1974年我国《孙子兵法》和《孙膑兵法》及其他兵书同时在山东临沂银雀山汉墓出土的消息传到日本以后，顿时轰动起来，专家学者惊叹不已，纷纷撰写研究论文，各种报刊连篇累牍地报道这一消息。仅《读卖新闻》、《朝日新闻》、《产经新闻》、《东京新闻》、《每日新闻（晚刊）》、《东京时报》这6种报刊从1974年4月16日至5月4日这19天中，就发表了20篇消息和专文。日本人对中国兵书的兴趣之浓，研究热情之高，充分显现出来。

然而，更引人注目的是，西方的战略家竟把中国古代兵法家孙子请到今天这个核时代的世界上来，对《孙子兵法》作了新的解释，制定出了所谓“孙子的核战略”。早在本世纪60年代初期，英国著名战略家李德·哈特就提出将《孙子兵法》的精华使用到现代的核战略。他在《孙子兵法》英译本（塞缪尔·B格菲思将军译，伦敦1963年版）的序言中说：“在导致人类自相残杀、灭绝人性的核武器研究成功后，就更需要重新而且更加完整地翻译《孙子》这本书了。”（转引自《苏联帝国主义的世界战略》第158页，〔日〕三好修著，世界知识出版社，1982年1月版）他还说，孙子的兵法“使我认识到深邃的军事思想是不朽的”（同上）。李德·哈特认为，2500多年前中国这位兵法家的思想对于研究核时代的战争是很有帮助的。美国的战略家们受到了启发，从孙子的思想中认识到美国“确保摧毁”战略是失败的战略。美国研究中心斯坦福研究所主任、美国第一流战略家福斯特首先提出，并和日本京都产业大学教授三好修合作研究运用《孙子兵法》的对苏新战略，三好修称之为“孙子的核战略”。三好修在撰写的论文和新著的《苏联帝国主义的世界战略》中透露了这一新战略的内容。他反复引用《孙子兵法·谋攻篇》开头的一句话：“不战而屈人之兵，善之善者也”，“故上兵伐谋，其次伐交，其次伐兵，其下攻城”，“必以全争天下”。他认为孙子的这一观点非常深奥，触及了核战争的实质，具有现实意义。核战争会给人类造成巨大灾难，理应尽力避免，眼下最理想的战略还是孙子提出的观点：“不战而克敌”，“不付代价取天下”。孙子在《谋攻》中还说：“知彼知己，百战不殆；不知彼而知己，一胜一负；不知彼，不知己，每战必殆。”福斯特和三好修认为，如果对敌人的战略了如指掌，就能仗仗稳操胜券；不了解敌人的战略，只了解自己一方的战略，就会有胜有负；完全不了解敌人的战略，那就每战必败。这是永恒的真理。因此，为了在核战争中战胜苏联，西方要首先不带任何偏见，弄清苏联核战略的最终目标和具体内容，重新制定出胜过苏联一筹的核战略。

福斯特通过美苏战略的分析对比，认为：苏联的核战略重点在于打击美国的核战略力量，即孙子“伐兵”的思想。他们的真正意图还是要争取“不战而胜”，立足于生存与胜利。美国的“确保摧毁”战略把打击城市（社会财富）放在首位。在孙子看来，这是一种最拙劣，万不得已才可采取的战略，即攻城战略。因此，福斯特提出美国要根据孙子的战略原则修改自己现在这种“无的放矢”的，十分不利的战略，用“相互确保生存和安全”取代“相互确保摧毁”，把军事力量作为战略打击目标。据《纽约时报》1980年8月8日报道，美国总统卡特决定采取一种与福特的孙子核战略更加接近的新的核战略。卡特签署的《总统第59号行政命令》决定，新战略将把打击苏联境内的军事目标放在首位。

美国不但制定了“孙子的核战略”，而且又按照《孙子兵法》制定了新战术。他们针对苏联和华约组织在传统武器方面已超过北约，以及可能在西欧发生的战斗，改变过去的攻坚战战术，按照孙武的“攻其无备，出其不意”原则，制定了旨在快速、机动和深入敌后作战的所谓“空运战术”。2000多年前冷兵器时代的孙子，竟成了西方制定核时代战略、战术的精神支柱，这是孙武万万没有想到的。

以上事例足以说明，在世界军事史上，孙武堪称军事学派中独具鲜明特色的佼佼者，《孙子兵法》是文化史上最为绚丽的军事学术之花。我们中华民族应当以有这一杰出的军事学家及其名著而感到自豪和骄傲。

更值得一提的是，世界经济学界——企业家、商人等研究《孙子兵法》。

先说日本。日本用《孙子兵法》思想研究管理很积极。山本七平写有《参谋学——〈孙子兵法〉的读物》一书，杉野机械公司总经理杉野健二十分喜爱“知己知彼，百战不殆”这句话，他说：“在现在这种激烈变动时期，读《孙子兵法》是有效益的。‘不战而屈人之兵，善之善者也’，这话说得多么好啊！”日本有几家大公司、大企业，规定下属管理人员必须学习《孙子兵法》、《三国演义》，认为商场竞争千变万化，若不具有战略、战术思想很难立足社会，所以必须读谋略教科书——《孙子兵法》，读实践《孙子兵法》的典型例证《三国演义》。

据香港《文汇报》报道：“在日本，不但搞军事和国防的人把《孙子兵法》看做必读物，甚至在日本最狂热的棒球场上运动员对《孙子兵法》的警句也能脱口而出。一名叫大桥武夫的企业家还著了一本《用兵法经营》的书，宣扬如何用兵法经商。据说，他的公司采用了这种理论后，效率大大提高，业务飞跃发展。”报道还引用这位企业家大桥武夫的话说：“这种经营方式比美国企业经营更合理，更有效。”另据《人民中国》杂志社日本专家村山孚先生介绍，日本中小企业的经理们特别重视中国古典思想的研究，包括对《孙子兵法》的研究，日本一家大公司为了加强经营管理，把公司所属的中层以上的干部组织起来，举办学习班，一月一期，轮训学习的主要著作就是《孙子兵法》，在一年内办了 12 期，把应该受训的干部全部轮训了一遍。在轮训中，要求学员根据《孙子兵法》所阐述的思想，研究如何把它运用到现实的管理中去，制定好本企业的发展策略。村山孚先生还介绍说，日本企业家为了使企业生存与发展，使用了两根支柱，或者叫做两个轮子。在生产经营景气时期，使用美国现代管理这根支柱、这个轮子；在企业生产经营不景气情况下，就要依靠中国的古代思想，特别是《孙子兵法》思想这根支柱、这个轮子。《孙子兵法》中关于运筹谋略、对抗策略的论述是十分精辟的，这也许就是村山孚先生介绍的在日本企业不景气时《孙子兵法》作用尤大的原因所在。其实，不管企业处于景气或不景气状态，《孙子兵法》科学思想都是可以运用的。日本还有一本书叫《怎样当企业领导》，它的作者占部都美曾把《孙子兵法》关于“将者，智、信、仁、勇、严也”的话在书中作了介绍，并认为，作为一个领导者必须具备孙武讲的五个方面的道德修养，认为《孙子兵法》所说的将帅五德标准，“在两千多年后的今天仍然是适用的”。

再讲美国。美国经济界也重视《孙子兵法》的研究，美国《幸福》杂志国际版在1985年4月29日出的那一期内容中，按照营业额大小开列了美国大工业公司的名单，列在第3位的是通用汽车公司。这家公司的汽车销量1984年为830万辆，销售额839亿美元，在世界汽车工业中居第一。创这个业绩的是这家公司的董事局主席罗杰·史密斯。他怎么创业成功的呢?《亚洲华尔街日报》说，因为他有“战略家的头脑，他能从2000多年前中国一位战略家写的《孙子兵法》一书中学到东西”。美国学者乔治在《管理思想史》中颂扬《孙子兵法》说：“今日，虽然战车已经过时，武器已经改变，但是，运用《孙子兵法》思想，就不会战败。今日的军事指挥者和现代经理们，仔细研究这本名著，仍将很有价值。”美国另一学者胡伦在《管理思想的发展》中也推崇《孙子兵法》说，“中国孙子写出了最古老而闻名的军事著作”。连美国资产阶级的学者都能够给予孙子这样的评价，可以看出孙子在世界上所享有的盛誉是何等的可观。

九、《孙子兵法》的缺陷及其应予以扬弃的理论原则

我们在充分肯定孙武的辉煌成就和巨大声誉时，不能忘记历史唯物主义的立场、观点和方法。我们应当看到它的缺陷及消极成份，并进行分析批判，予以扬弃。

《孙子兵法》最主要的缺陷是没有区别战争的性质。它公然主张“掠乡分众，廓地分利”(《军争》)，“掠于饶野，三军足食”(《九地》)等等，是剥削阶级本性的表现。当时的兼并战争，是诸侯列国争夺土地和霸权的战争。《孙子兵法》之不指明战争性质，客观上正是掩盖这一兼并战争的本质。孙武所处的春秋时代，据史学家的统

计：发生过大小战争四五百次之多。孙武稍后的孟子，将那个时代的战争总结为一句话："春秋无义战。"对春秋时代的战争，是否可以统称之为非正义战争呢？答复当然是否定的。

春秋之际的战争中，很有一些是明显的强国侵略弱国，或阶级压迫而引起的战争。被侵略、被压迫的一方所进行的自卫和反抗，毫无疑义是正义的战争。可是在《孙子兵法》中却无反映。这是应该反映而却没有反映的，不能不认为是一大缺点。

在作战问题上，《孙子兵法》中有过于机械的原则和消极的因素。例如它虽讲过"趋其所不意，行千里而不劳"（《虚实》），但又说"卷甲而趋，日夜不处，倍道兼行，百里而争利，则擒三将军"（《军争》）。其实，如能出敌不意，则倍道兼行，风雨无阻，往往能取得意外胜利。最为显著的过于机械的原则是："归师勿遏，围师必阙（同缺），穷寇勿迫"（《军争》）。这些原则，实际和《孙子兵法》中的许多提法是矛盾的。同篇的"避其锐气，击其惰归"，不正是否定了"归师勿遏"的原则吗？"避其锐气，击其惰归"的原则，毫无疑义是绝对正确的。《谋攻》提出"十则围之"的原则。这是歼灭战的思想，无疑是正确的。当然，"围师"就绝对不能阙。假如在淮海战役，我军要是"网开一面"，不是等于"放虎归山"，哪能取得决定性的全歼敌人的胜利呢？我们批判"围师必阙"是机械的论点，就是因为用了个"必"字。若是在某种情况下，为了迅速结束战斗，不愿迁延时日，在某处预先设伏，诱敌突围而进行歼灭，网开一面还是可行的，有利的。至于"穷寇勿迫"的论点，这等于毛泽东同志批判宋襄公是蠢猪式的人物一样的可笑。"宜将剩勇追穷寇，不可沽名学霸王"。正是对"穷寇勿迫"的最高明的批判。

在认识论和方法论方面，《孙子兵法》中含有某些形而上学的成份。例如，《孙子兵法》把自然界的运动，它的发展变化过程看做"终而复始"、"死而复生"（《势篇》），对军事上的"奇正相生"（《势篇》）看做"如循环之无端"（《势篇》），把事物螺旋式的发展运动，看成简单的循环，这就带有循环论的色彩。又《孙子兵法》在论及敌对双方军事力量的对比上，比较注意“量”的不同和变化，较少注意“质”的不同和变化。这些都是形而上学的观点的表现。

在历史观方面,《孙子兵法》是倾向唯心论的。一是过分夸大将帅的作用。认为“知兵之将，民之司命，国家安危之主也”(《作战》)。二是轻视广大兵卒和人民在战争中的作用，提倡愚兵政策。《孙子兵法》固然有“视卒如婴儿”(《地形》)以及“令之以文，齐之以武”(《行军》)的提法，看来似乎是讲爱兵之道和重视纪律教育。但是，在进行战斗时，他却大反其初衷，而是首先提出“能愚士卒之耳目，使之无知”(《九地》)。又提出:“若驱群羊，驱而往，驱而来，莫知所之。”(《九地》)再如“帅与之期，如登高而去其梯(《九地》)”等等，可以说是极端轻视士卒的地主阶级反动思想。这些都是帝王将相创造历史的唯心史观的表现。

我们应当承认,《孙子兵法》是2000多年前的一部兵书，它是历史留下的宝贵遗产，有许多原理、原则、规律，具有普遍性的、现实的意义。现在研究它，对未来的反侵略战争仍有重大的价值。但也不能否认，一部代表新兴封建地主阶级的著作，其立场、观点是有一定的落后性、反动性、局限性和片面性的,《孙子兵法》的大量论述是普遍规律，是用兵的精华，但在上述的一些问题上，仍存在糟粕和不足之处。

时代在前进，战争规律在发展，未来的战争有许多崭新的课题需要我们去研究、去解决。学习、运用马列主义和毛泽东军事思想去指导未来战争，是我们最根本的任务。而对于《孙子兵法》以及其他军事文化历史遗产的学习，只是一种参考，一种借鉴，这是不可颠倒的主次关系，也是不可动摇的学习原则。但是，这种参考和借鉴，是一种必不可少的参考，是一种必不可少的借鉴，不然就不能深刻理解我军的具有中国特色的战略战术，因而也就不能很好地继续发展这种战略战术。我们应当学习《孙子兵法》，运用《孙子兵法》，取其精华，去其糟粕，在古为今用的基础上而有所创新和发展!

◇ 第二部分 ◇

《孙子兵法》十三篇及解说

计篇[1]第一

【原文】

孙子曰：兵[2]者，国之大事，死生之地，存亡之道，不可不察也。

故经之以五事[3]，校之以计而索其情[4]：一曰道，二曰天，三曰地，四曰将，五曰法。道者，令民与上同意也，故可以与之死，可以与之生，而不畏危[5]。天者，阴阳、寒暑、时制也[6]。地者，远近、险易、广狭、死生也[7]。将者，智、信、仁、勇、严也[8]。法者，曲制、官道、主用也[9]。凡此五者，将莫不闻，知[10]之者胜，不知者不胜。故校之以计，而索其情。曰：主孰有道？将孰有能？天地孰得？法令孰行？兵众孰强？士卒孰练？赏罚孰明？吾以此知胜负矣。

将听吾计[11]，用之必胜，留之；将不听吾计，用之必败，去之。

计利以听[12]，乃为之势，以佐其外。势者，因利而制权[13]也。

兵者，诡道也[14]。故能而示之不能[15]，用而示之不用[16]，近而示之远[17]，远而示之近。利而诱之，乱而取之[18]，实而备之，强而避之[19]，怒而挠之[20]，卑而骄之[21]，佚而劳之[22]，亲而离之。攻其无备，出其不意。此兵家之胜[23]，不可先传也[24]。

夫未战而庙算[25]胜者，得算多[26]也；未战而庙算不胜者，得算少也。多算胜，少算不胜，而况于无算乎！吾以此观之，胜负见矣。

【注释】

①计：计算、计划、计谋、计策等。这里指战争前的计策。

②兵：兵器、兵士、军队、战争等。这里指战争。

③经之以五事：五事指道、天、地、将、法，这五个方面都属于决定战争胜败的基本因素。经，量度，这里是分析研究的意思。

④校之以计而索其情：比较敌对双方的各种条件，从中探求战争胜负的情形。校，通“较”，比较；所谓“计”，指“主孰有道”等“七计”。

⑤不畏危：不害怕危险。银雀山汉墓竹简《孙子兵法》此句为：“民弗诡也。”

⑥阴阳、寒暑、时制：阴阳，指昼夜、晴雨等天时气象的变化。寒暑，指寒冷、炎热等气温的不同。时制，指四季时令的更替等。

⑦远近、险易、广狭、死生：路程的远近、地形的险阻或平坦、作战地域的宽广或狭窄、地形是否利于攻守进退。死生，指地形上的死地和生地。死地，泛指行动困难和没有生活资料的地区。生地，泛指便于行动和容易取得生活资料的地区。汉简《孙子兵法》中，此句为：“地者，高下、广狭、远近、险易、死生也。”多“高下”二字。

⑧智、信、仁、勇、严：这里指将帅的智谋才能、赏罚有信、爱抚士卒、勇敢果断、军纪严明等条件。

⑨曲制、官道、主用：曲制，指军队组织编制等方面的制度。官道，指各级将吏的职责区分、统辖管理等制度。主用，指军需物资、军用器械、军事费用的供应管理制度。主，掌管；用，物资费用。

⑩知：知晓，这里含有深刻了解、确实掌握的意思。张预注：“以上五事人人同闻，但深晓变极之理则胜，不然则败。”

⑪将听吾计：一说，“将”作为“听”的助动词解，这样意为：如果能听从我的计谋。

⑫计利以听：指有利的计策已被采纳。计，计策，这里指战争决策；以，通“已”，听，听从、采纳。

⑬因利而制权：即怎么对我有利就怎么行动。制权，即根据情况，采取相应的行动。

⑭兵者，诡道也：用兵是一种诡诈行为。诡，奇异，谲诈，诡计多端；与道德上的诡诈不同，但也确有欺骗敌人的意思在内。

⑮能而示之不能：是说能打却装作不能打。示，示形，也就是伪装。

⑯用而示之不用：是说要用兵却装作不用兵。

⑰近而示之远：是说要向近处却装作要向远处。

⑱乱而取之：对处于混乱状态的敌人，要乘机攻取它。

⑲强而避之：对于强大的敌人，要暂时避开它。

⑳怒而挠之：挠，挑逗。这句是指对于易怒的敌将，要用挑逗的办法激怒他，使其失却理智，轻举妄动。

㉑卑而骄之：对于鄙视我方的敌人，要设法使其更加骄傲，然后寻机击破。另一说：对敌人要示以卑弱，使其骄傲，放松戒备，从而利于攻击。

㉒佚而劳之：佚，通“逸”。是说对于休整得充分的敌人要设法使其疲劳。

㉓兵家之胜：兵家，这里指军事家。胜，胜算，妙计，这里指高明的方法。

㉔不可先传：先，预先。传，传授。是说作战方法必须在战争中根据实际情况灵活运用，不可事先做出死板的规定。

㉕庙算：古代用兵前在祖庙里举行一定的仪式，讨论决定作战计谋叫庙算。

㉖得算多：是说计算周密，胜利条件充分。

【译文】

孙子说：战争是国家的大事，关系到军民的生死，国家的存亡，是不可以不认真研究的。

所以，要从五个方面分析研究，比较敌对双方的各种条件，以探求战争胜负的情形：一是道，二是天，三是地，四是将，五是法。道，是使民众与国君的意愿相一致，这样，民众在战争中就可为国君出生入死而不怕危险。天，是指昼夜、晴雨、寒冷、炎热、四季更替等天候季节变化的规律。地，是指地理位置的远近，地形的险阻与平坦，广阔与狭窄以及哪是死地、生地等。将，是指将帅的智谋才能，赏罚有信，爱抚士卒，勇敢果断，军纪严明。法，是军队组织编制、将吏的统辖管理和职责区分、军用物资的供应和管理等制度规定。凡属这五个方面的情况将帅们没有不知道的；然而，只有深刻了解、确实掌握的才能打胜仗，否则，就不能取胜。所以，要从以下七个方面来分析比较，以探求战争胜负的情势。要看哪一方的国君比较贤明？哪一方的将帅比较有才能？哪一方占据比较有利的天时地利条件？哪一方的法令能切实贯彻执行？哪一方的军队实力强盛？哪一方的士卒训练有素？哪一方赏罚严明？我们根据这些，就可以判明谁胜谁败了。

如果能够听从我的计谋，用兵作战一定能够胜利，我就留在这里；如果不能听从我的计谋，用兵作战必定失败，我就告辞而去。

有利的计策已被采纳，还要设法造成有利的态势，作为取胜的辅助条件。所谓“势”，就是根据情况是否有利而采取相应的措施。

用兵打仗是一种诡诈的行为。所以，能打装作不能打，要打装作不想打；要向近处装作要向远处；要向远处装作要向近处；对于贪利的敌人，要用小利引诱它；对于处于混乱状态的敌人，要乘机攻取它；对于力量充实的敌人，要加倍防备它；对于强大的敌人，要暂时避开它；对于易怒的敌人，要用挑逗的办法去激怒它；对于鄙视我方的敌人，要使其更加骄傲；对于休整得充分的敌人，要设法疲劳它；对于内部团结的敌人，要设法离间它。要在敌人无准备的状态下实施攻击，要在敌人意想不到的情况下采取行动。这是军事家取胜的奥妙，是根据随时变化的情况，随机应变，不能事先规定的。

凡是未战以前预计能够取胜的，是因为得胜的条件充分；未战以前预计不能打胜仗的，是因为得胜的条件不充分。条件充分的就能取胜，条件不充分的就不能取胜，何况根本不计算、没有胜利条件呢！我们从这些方面来看，战争的胜败就很明白了。

【解说】

本篇是《孙子兵法》的首篇，具有提挈全书的作用。它主要论述研究和谋划战争的重要性，探讨决定战争胜负的基本条件，并提出了“攻其无备，出其不意”的军事名言。

（一）对战争的基本态度

孙子对于战争的态度，是非常慎重、非常认真、非常严肃的。本篇开宗明义就指出：“兵者，国之大事也。死生之地，存亡之道，不可不察也。”这一认识，比“国之大事，在祀与戎”（《左传》成公十三年）前进了一步。此句中“死生之地，存亡之道”相对为文，“地”与“道”互文见义，均指手段、方法。这就使我们明确地看出，战争之所以是国家的大事，就在于它既是军队生死搏斗的手段，也是国家存亡攸关的途径。《火攻》中强调：“战胜攻取，而不修其功者凶。”所以，他主张“合于利而动，不合于利而止”，告诫君主不可以“怒而兴师”，将帅不可以“愠而致战”，“故明君慎之，良将警之”，要认真考虑研究，不可轻率用兵。所以，孙子主张，在用兵之先，要探讨决定战争胜负的基本条件。

这种重战、慎战的思想是可贵的，是先秦进步军事思想的共同特点之一。它对后世（国内外）的影响很大，我们在评述中已有介绍。

（二）决定战争胜负的基本条件

关于探讨决定战争胜负的基本条件具有丰富的内容，孙子说：“故经之以五事，校之以计而索其情：一曰道，二曰天，三曰地，四曰将，五曰法。”五事、七计就是探讨的首要条件。所谓道，是使民众与国君的意愿相一致，这样，民众在战争中就可以为国君出生入死而不怕危险。所谓天，即昼夜、晴雨、寒暑、四季更替。从更广泛的意义上说，天候还应包括天旱、水涝、蝗灾、冰雹等等。孙子关于天的认识具有朴素的唯物主义思想，这是很可贵的。当时的战争受天候条件的制约相当大，所谓“冬夏不兴师”。因为，秋季出师才便于因粮于敌。而且春秋末期以前的战争大都是在白天进行的，很少夜战。因为战争持续时间短，几个小时，最多一天即结束战斗。像公元前575年晋楚鄢陵（今河南鄢陵西南）之战，“旦而战，见星未已”（《左传》成公十六年），从早晨打到星光出现，在春秋中期已属罕见的史例。《军争》中说：“夜战多火鼓”，则是对春秋末期战例的总结。当然，天候对战争的影响是从具体的作战对象所处的特殊地位说的。这里无妨举两个后世的战例来说明吧。例如，赤壁之战中，曹操在寒冬用兵，所以周瑜据此判断曹军战马缺乏饲料，是败因之一。而东汉马援进攻五溪蛮，则因盛夏士卒多染疾疫而失败。所谓地，是指地理形势——道路的远近，地势的险易，地形是否有利于攻守和进退，战场的广狭是否有利于军队的部署——对战争的影响。所谓将，是指将帅的智谋才能，赏罚有信，爱护士卒，勇敢、坚决、顽强、果断、军纪严明。所谓法，是指军队的法纪和组织编制，将帅的权能和职责区分、军用物资的供应和管理制度等等。

以上五点，孙子认为是分析、判断战争胜负的基本因素。要详细剖析五个基本因素，还要从七计中去推断。即：哪一国的君主比较贤明？哪一方的将帅比较才能出众？哪一方占据比较有利的天时、地利条件？哪一方的法令能贯彻执行？哪一方的军队实力最强？哪一方军队训练有素？哪一方的赏罚严明？从上述情况进行综合判断，就可以知道谁具备了胜利的条件，判明谁胜谁负了。当然，用现代的观点分析，上述的条件显然是不足的。然而在2000年前，孙子能发现这些战争胜负的基本因素，是难能可贵的。

（三）实现战争胜利的条件

（1）选将。就是挑选能执行“庙算”大计的将帅。我们要在这里集中地作一点分析。孙子把贤能的将帅不仅看做是关系战争胜负的重要因素，而且还说“知兵之将，生民之司命，国家安危之主也”（《作战》）。又说“夫将者，国之辅也，辅周则国必强，辅隙则国必弱”（《谋攻》）。可以说，在13篇中无篇不显露出孙子对将帅地位的竭力宣扬，对将帅条件的严格要求。固然，这里反映了孙子唯心主义的英雄史观，但是，必须看到，孙子强调将领的地位和作用，提出选将的条件和要求，又是与当时战争急剧发展的客观情况紧密联系的。

在春秋时代深刻的社会变革中，军事上也经历着前所未有的变化。郭沫若同志主编的《中国史稿》第1册中曾简明扼要地指出：“甲士和车战的地位下降，徒兵和野战日益重要。这是和当时社会变化有密切联系的。甲士是由平民中的上层充当的，庶人只能作徒兵。平民阶级瓦解了，甲士和车战制度也随之而崩坏。庶人地位上升了，地主阶级要从农民中征兵，徒兵和野战的地位也就提高起来了。军队中的组织也和农村中的什伍组织相一致的。军队中的指挥已经不是非贵族不可了。甚至战俘也有被提升为指挥官的，并出现了军功爵制的萌芽。”这是鞭辟入里的分析。特别是春秋末期，由于井田制的破坏，郡县制和征兵制的出现，各国兵额激增。原来周天子拥有六军，大国三军，中国二军，小国一军的格局已完全打破了。在这样的历史条件下，战争的特点主要表现为以下几个方面。一是参战部队增多了。例如晋国，春秋初期的城濮之战时只有兵车700乘（约21000人），到鲁昭公13年，平丘之会时，晋国有兵车4000乘（约120000人）。又如齐国在公元前484年吴齐艾陵之战时，一战就损失兵车800乘。当时吴国是四军，比齐军势优，其总兵力也有十几万。二是武器装备提高了。不仅铁兵器使用于战场，南方的吴、越、楚等国还有“余皇”之类的大型战船。三是战场地域扩大了，从平原旷野扩展到山林沼泽和江河湖海。我国第一次海上登陆作战就是公元前485年吴鲁联军的伐齐之战（《左传》哀公十年）。四是战争持续时间延长了。例如吴楚柏举之战打了11天，越灭吴围困姑苏竟达3年之久，战斗的激烈程度有所加剧。五是作战方式复杂化了。由于徒兵进行野战，因而出现了奇袭、迂回、包围、伏击、侧击等战法，战场流动性增大，机动能力提高。

这一系列新的变化、新的特点，都向军队提出了提高指挥效能的要求。原来，古代作战"出将入相"，文武是不分职的。据《左传》闵公二年（公元前660年）载，晋国大夫说："夫帅师，专行谋，誓军旅，君与国政之所图也。"意思是说率军作战，对作战方案定下决心、部署实施，是国君和正卿的职责。但是，到了春秋末期，这种现象已不能适应变化了的客观形势。因此，"将"这一崭新的事物终于出现在我国的军事舞台上。据日本学者泷川资言《史记会注考证》统计，这一时期的将军有：狐射姑在晋国为将，孙武在吴为将，子重、子常、屈完在楚为将，司马穰苴在齐为将，詹伯在郑为将，慎子在鲁为将，子文在卫为将，等等。这些专职将领的出现正是随着战争发展的需要应运而生的。

面对当时的战争，孙子对将领提出了"五德"的为将标准。这就是"智"，多谋善断；"信"，赏罚有信；"仁"，爱护士卒；"勇"，勇敢坚定；"严"，明法审令。古人说，孙武尚智，孙膑贵势，是很有道理的。孙武把"智"放在五德的第一位，表明了他对指挥才能的重视。作为将领的主要职责首先也应当是斗智。他认为，一个"贤将"对于关系全局的"五事"必须有深刻的了解（"凡此五者，将莫不闻"），对于复杂的、易变的、矛盾的战场情况要能灵活处置（《九变》："故将通于九变之地利者，知用兵矣"），对于整个作战过程要善于分析判断，考虑利害得失，定下正确的决心（《九变》："是故智者之虑，必杂于利害"），要有丰富的作战经验，良好的应变能力（《地形》："故知兵者，动而不迷，举而不穷"）。要善于周密地计算敌我兵力对比（《地形》："知吾卒之可以击，而不知敌之不可击，胜之半也；知敌之可击，而不知吾卒之不可以击，胜之半也；知敌之可击，知吾卒之可以击，而不知地形之不可以战，胜之半也”)，等等。由此可以看出，没有丰富的作战经验和良好的军事素养，没有综合判断的洞察能力和高人一筹的预见能力，是不可能胜任贤将之责的。

孙子对才智如此重视，如此强调，正是对当时许多血的经验教训的总结。正面的例证如齐鲁长勺之战，曹刿“一鼓作气”的作战指导，取得了打败齐军的胜利，这是由于指挥高明而获胜。反面的例证，如宋襄公“不鼓不成列”的蠢猪式战法是尽人皆知的。还有公元前597年，晋楚两军在邲（今河南郑州东）发生的一次大规模遭遇战中，晋军之所以惨败，就是由于主将荀林父指挥无能，迟疑坐困，并错误地下达渡河的命令，以致造成“舟中之指可掬”（士卒因争相渡河逃命，先上船者用刀砍断后爬船者的手指，这些被砍断在船舱里的手指可以满把地捧起来）的悲剧。

除指挥才能外，孙子也十分强调将帅要有良好的精神素质。对国家要“进不求名，退不避罪，唯人是保，而利合于主”(《地形》)，“将不可以愠而致战”(《火攻》)；对士卒要“视卒如婴儿”，“视卒如爱子”(《地形》)；将帅个人也必须具备完善的品格。所谓“将军之事，静以幽，正以治(《九地》)。“静”就是沉着，“幽”就是深思，“正”就是坚定，“治”就是整治。

孙子对将的要求是多方面的，这里只着重介绍了关于提高指挥效能方面的内容，至于治军等其他方面的丰富内容，我们将在有关的篇章中再分别介绍。

（2）造势。就是要设法造成战场上的有利态势。孙子对战争胜负的分析并没有停留在仅仅对“五事”的比较上，而是紧接着提出了一个重要的命题：“计利以听，乃为之势，以佐其外。势者，因利而制权也。”即是说，计算客观利害，意见得到采纳，这只是指挥战争的常法，还要凭藉常法之外的变法才能把胜利的可能性变为现实性。这个变法就是“因利而制权”的“势”。所谓“势”，就是根据情况是否有利而采取相应的措施，造成于己有利的战场态势。什么是“权”？“权”的本义是秤锤，引申为权变。《荀子·议兵》说：“权不可预设，变不可先图，与时迁移，随物变化。”可见，“权”就是因敌制胜，灵活用兵，是达到夺取有利态势的手段。历来的注家们，把孙子这一发挥主观能动作用而造成的有利态势，称之为“造势”。

势不是固有的，是靠指挥官的高深的战略战役素养，稳操胜算的指挥艺术，极为丰富的战斗经验，以及在战略战役上的深思熟虑，才能造成的。《势篇》中说：“故善战人之势，如转圆石于千仞之山者，势也”，“激水之疾，至于漂石者，势也”。战场中的这种势，是很难用生动的战例和具体的语言表述出来的。所以孙子用人们生活中的各种现象作比喻。他所说的：一块圆石，从很高很陡的山上滚落，会造成急骤落下之势，是很难阻挡的。湍急的流水，以飞快的速度奔泻，可以把一块大石头冲走，这是水势的力量。

在通常情况下拥有兵力、兵器优势者，易造成有利态势，但这也不是绝对的。有时劣势者利用各种条件，也可以造成有利态势。例如：南方有种小动物像猫，俗称花面狸（有称彪狸和狐狼的），爱和老虎打架，凡遇老虎，它都要主动地发动进攻。论力量，它比老虎要弱得多。可是，它的动作非常灵敏。一遇老虎，它通常先在树上打埋伏，突然跳在老虎背上，抱在老虎的尾巴根子上，用它尖利的爪子，死抠老虎的肛门。老虎痛得大叫大跳，想抓抓不下来，想咬也咬不着，最后只好在地上打滚，甩脱这个小动物的袭击。当老虎在地上打滚时，“花面狸”早就逃之夭夭了。

造成与我有利的态势的各种条件是很多的，如地形对我有利。所谓“一夫当关，万夫莫开”，并不是说这个人有万夫不挡之勇，而是说这个人占据了有利的地势，一个人据关而守，一万人也无法攻取。

出敌意外，是造成有利态势的重要条件。东汉光武帝刘秀在昆阳大战中以其精锐5000人，袭击王莽军之侧后，一举击溃强大的莽军，就是抓住有利战机，造成有利态势而出奇制胜的典型战例。

主动、灵活，也是造成有利态势的重要条件。例如：先发制人，打敌人措手不及，迫敌处于应战的被动地位。掌握有利战机，抓住敌人的弱点，迅速进击等等，都是创造有利态势的重要条件。

（3）运用诡道。交朋友全凭信义，斗顽敌应通诡道。军事斗争有自己的规律和特点。宋襄公对敌人讲仁义，结果使自己丧军败旅。兵不厌诈，古今常理。如果说诳骗和撒谎，在资本主义社会的交易所里是常见的事，那么，在战争舞台上它表现得更加丰富多彩。在相互用诈的战争场合，如果你不能欺骗敌人，那必然为敌所制；如果你不能识破敌诈，那就会陷入敌人的圈套。行诡道之术，首先要设法伪装自己的真实企图，以假象掩盖真相，以形式掩盖内容，以枝节的、次要的过场冲淡主要的"剧情"，给对方造成虚幻的错觉，使敌手难以料定我的本意。诸如此类的示形用佯，都可以收到示假隐真的效果。凡诡道之法，都与形式逻辑的思维方式相违背，都力求从相反中求相成，或反我内心的目的而行动；或反事情的真实面貌而行动；或顺应着敌手的某些主观愿望而行动；或根据驾驭的需要而行动，等等。行诡道之术，指挥员的决策思维忌"直线运动"。联想法、反想法，最能跳出敌手料想判断的圈子。孙子第一次在我国军事学术史上鲜明地提出了"兵者，诡道也"，"兵以诈立"（《军争》）的战术原则。在这一原则指导下，他列举了十二条战法。人们习惯地称之为"诡道十二法"。

"诡道十二法"的前四法是利用"示形"，即采用欺骗和伪装的手法，麻痹敌军，争取战争的胜利。其余八法是指对八种不同情况的敌人所采取的八种不同的对付方法。

"诡道十二法"目的就是一个："攻其无备，出其不意"，对敌实施突然攻击。这十二法的要旨就在于集中兵力，攻虚击弱。因为无论是战役上或战斗上的伪装、佯动和欺骗，都是为了迷惑敌人。只有迷惑敌人，才能荫蔽自己的兵力集中，调动敌人，使其错误地变更部署，分散兵力。唯其如此，才能最终达到攻其无备，出其不意的目的。所以，也可以说“攻其无备，出其不意”是“诡道十二法”的小结。

“攻其无备，出其不意”，是孙子“权诈之兵”的精髓，也是进攻作战发起阶段谋略运用的要旨。战争历史表明，在敌手失去戒备或者料想不到的时间、地点实施突然袭击，能在军事上和心理上取得巨大效果，并使对方在慌乱中做出错误的判断，制定错误的计划，采取错误的行动，以致连连失败。

（四）多算胜，少算不胜

本篇的最后结论是：“多算胜，少算不胜”，“吾以此观之，胜负见矣。”这里的“见”同“现”，显现。就是说，计算周密，胜利条件多，可胜敌，否则，不能胜敌。我们全面地考察了战争胜负的主客观条件，谁胜谁负就端倪可见了。

孙子说：“未战而庙算胜者，得算多也。”所谓“庙算”，本意指兴师作战前，先在庙堂（朝廷）举行会议，谋划作战大计，预见战争的结局。这是就战略决策而言的。运筹帷幄之中，决胜千里之外，是庙算之妙。所以，庙算就其普遍意义而言，也可称作“妙算”。将军用谋，神机妙算。“掐指一算，便知分晓”；“眉头一皱，计上心来”。古典小说中这些描写军事智囊的词语，虽然带有几分神话色彩，但有一点可以肯定：决胜之策，在于运筹；高敌之着，以计为先。

战争是力量的比赛，而力量则具体表现为一定的数量关系（兵力、火力的多少）和空间形式（编组、部署、设防等）。军事谋略不过是通过精细的运筹计算，用“数”和“形”编织出的画图。比如：同样一支军队，处在行军、宿营中，或配置在阵地上，其战斗力大不相同；同样数量的火炮，对同一具有反抗力的军事目标射击，采取集火齐射或分次零射，其效果大不一样；同样上、中、下三等马，按田忌的赛法则败，按孙膑的赛法就胜；2个马木留克兵绝对能打赢 3 个法国兵，而 1000 个法国兵则总能打败 1500 个马木留克兵，等等。整体是由局部构成的，但整体力量并不等于一个个局部力量的和。使用得法，排列组合适当，整体力量则会成倍地超过一个个局部力量的和，否则，还会小于这个和数。从对力量的使用来说，施计用谋，无非是灵活而巧妙地玩弄“军事魔方”——用一定数量的兵力，组成超定量的“形”。

战争中充满着未知数，也一定会暴露出许多已知数。指挥员的判断艺术，就是通过已知求未知；指挥员的欺敌方略，在于示形虚数，深隐实数，以多算胜少算。孙膑马陵设伏，妙在先“度其行”，料定庞涓“暮当至马陵”。东汉虞诩增灶赚羌戎，巧在设虚数示强，使敌手判断错误，行动失算。

作战篇第二

【原文】

孙子曰：凡用兵之法，驰车千驷[①]，革车千乘[②]，带甲十万[③]，千里馈粮[④]，内外之费，宾客之用，胶漆之材[⑤]，车甲之奉[⑥]，日费千金[⑦]，然后十万之师举矣。其用战也胜[⑧]，久则钝兵挫锐[⑨]，攻城则力屈，久暴师则国用不足[⑩]。夫钝兵挫锐，屈力殚货[⑪]，则诸侯乘其弊而起，虽有智者，不能善其后矣。故兵闻拙速，未睹巧之久也[⑫]。夫兵久而国利者，未之有也。故不尽知用兵之害者，则不能尽知用兵之利也。

善用兵者，役不再籍[⑬]，粮不三载[⑭]；取用于国，因粮于敌，故军食可足也。

国之贫于师者远输[⑮]，远输则百姓贫。近于师者贵卖，贵卖则百姓财竭，财竭则急于丘役[⑯]。力屈、财殚，中原[⑰]内虚于家。百姓之费，十去其七；公家之费，破车罢马[⑱]，甲胄矢弩[⑲]，戟楯蔽橹[⑳]，丘牛大车[㉑]，十去其六。

故智将务食于敌。食敌一钟[㉒]，当吾二十钟，萁秆[㉓]一石[㉔]，当吾二十石。

故杀敌者，怒也；取敌之利者，货也[㉕]。故车战，得车十乘已上，赏其先得者，而更其旌旗，车杂而乘之，卒善而养之，是谓胜敌而益强。

故兵贵胜，不贵久。

故知兵之将，生民之司命[㉖]，国家安危之主也。

【注释】

①驰车千驷：战车千辆。驰车，快速轻便的战车；驷（sì），原指

一车套四匹马，这里作为量词，指四匹马拉的战车。千驷即战车1000辆。每车配备步兵72人，披甲士官3人，共75人。千驷，共有官兵75000人。

②革车千乘：重车千辆。革车，是专运粮食、器械等的辅助性兵车。这种车子是用皮革缝制的篷车，因此称为革车，也叫守车、重车、辎车。每车有保管、打柴挑水、饲养各5人，炊事员10人，共25人。乘，辆。千乘，即四马革车1000辆，共有官兵25000人。

③带甲十万：指驰车千乘，革车千乘，共有带甲官兵100000人。带甲，穿戴盔甲的士卒，这里泛指军队。

④馈粮：馈（kuì），馈送。指运送粮食。

⑤胶漆之材：古代弓箭甲盾的保养维修所必须的胶和漆。这里泛指制作维修武器装备所需的各种物质。

⑥车甲之奉：武器装具的保养补充。车甲，车辆、盔甲。奉，供给、补充。

⑦日费千金：形容一天的开支很大。金，古代计算货币的单位，一金为一镒（20两或24两），千金即千镒。

⑧用战也胜：用兵作战宜速胜，

⑨钝兵挫锐：指兵久在外，力量磨钝，士气受挫。

⑩久暴师则国用不足：军队长期在外作战，就会使国家经济发生困难。暴，暴露。

⑪屈力殚货：屈力，指力量消耗，失却锋利。殚（dān）货，指物资耗尽。货，财货，这里指经济。

⑫兵闻拙速，未睹巧之久也：这两句是上文的小结论，是说用兵打仗只听说宁拙而求速胜的，没见过求巧而久拖的。闻，听说。拙，笨。速，速胜。睹，看见。巧，巧妙。久，长久。

⑬役不再籍：指兵员不做第二次征集。这是孙子“拙速”的要求。役，兵役；籍，户籍。

⑭粮不三载：指出征时，第一次运粮至敌境，以后就因粮于敌，等到军队凯旋回国时，再运第二次粮食至国境迎接，不做第三次的运粮。这也是孙子“拙速”的要求。载，运载、运送。

⑮国之贫于师者远输：国家因用兵而导致贫困的，远道运输是个重

要原因。师，军队。

⑯丘役：指按丘征集役赋，这是当时人民向统治者交纳的军赋。春秋末期，仍有井田制。按井田制，八家为井，四井为邑，四邑为丘，一丘十六升。每丘出马一匹，牛三头。

⑰中原：这里指国内农业发达的中心地区。中，中心。原，原野。

⑱破车罢马；破车，战车损坏。罢马，战马疲病。罢（pí），同疲。

⑲甲胄矢弩：泛指装备战具。甲，护身的铠甲；胄（zhòu），头盔；弩，用机括发箭的弓。

⑳戟楯蔽橹：泛指各种攻防兵器。戟（jǐ），将戈、矛合成一体的一种古兵器；楯（dùn），同盾；蔽橹（lǔ），用作屏蔽的大盾牌。

㉑丘牛大车：指辎重车辆。丘牛，大牛。

㉒钟：古代容量单位，每钟 64 斗。

㉓萁秆：饲草。萁（qí），同萁，豆茎；秆（gǎn），禾茎。

㉔石（dàn）：重量单位，每石 120 斤。

㉕取敌之利者，货也：货，财货，这里指用财货奖赏的意思。全句意为，要想夺取敌军的资财，就要奖赏士卒。

㉖司命：古星名。此处借喻为命运的掌握者。

【译文】

孙子说：凡兴兵打仗的一般规律，要出动战车千辆，

辎重车千辆，军队 10 万，还要千里运粮；那么前方后方的经费，招待外交使节的开支，器材物资的供应，武器装备的保养补充，每天要耗费千金，然后 10 万大军才能出动。用这样大的军队作战，就要求速胜。持久就会使军队疲惫、锐气挫伤，攻城就会耗尽力量，让军队长期暴露在国外，会使国家财政经济发生困难。如果军队疲惫，锐气挫伤，军力耗尽、经济枯竭，则列国诸侯就会乘此危机起兵进攻，那时虽有很高明的人，也无法挽回危局了。所以，用兵打仗只听说宁拙而求速胜的，没见过求巧而久拖的。战争持久对国家有利，是从来没有过的。所以，不能完全了解用兵害处的人，就不能完全了解用兵的好处。

善于用兵的人，兵员征集两次，粮秣不三次运送；武器装备从国内补给，粮秣就敌国征集，这样，军用粮秣就可以满足了。

国家因用兵而导致贫困的，远道运输是个重要原因；远道运输就会使百姓贫困。靠近军队的地方物价飞涨，物价飞涨就会使百姓财富枯竭；财富枯竭，就急于加征赋税和劳役。军力日益耗尽，财力日益枯竭，国内家家空虚。百姓的财物耗去十分之七；公家的资财，由于车辆损坏，战马疲惫，装备、兵器、战具的损耗以及辎重车辆的损坏，也要耗去十分之六。

所以聪明的将帅，务求在敌国补给粮食。因为吃敌粮食1钟，相当于从本国运输20钟；就地征集饲料1石，相当于从本国运输20石。

要使军队勇敢杀敌，就要激起他们对敌人的仇恨；要使军队勇于夺取敌人的资财，就要奖赏士卒。在车战中，凡缴获战车10辆以上的，要奖赏最先夺得战车的人，并更换战车上的旗帜，混合编入己方车队之中，对俘虏的士卒要优待和供养他们。这就是所谓战胜敌人而使自己愈加强大。

所以用兵作战最贵速胜，而不宜持久。精通用兵之法的将帅，是掌握人民生死命运的人，是国家安危的主宰。

【解说】

本篇从战争对人力、物力和财力的依赖关系出发，着重论述了“兵贵胜，不贵久”的速战速决的进攻战略，并提出了“因粮于敌”，“胜敌而益强”等作战指导原则。

（一）战争依赖于经济

本篇以10万部队出征为例，从武器装备等后勤供应方面进行概算，部队出动之前，每天要耗费千金。“驰车千驷，革车千乘，带甲十万，千里馈粮，则内外之费，宾客之用，胶漆之材，车甲之奉，日费千金，然后十万之师举矣”。部队出动之后，如《用间》中所说的

“相守（相持）数年，以争一日之胜”。为了维修补充“破车罢马，甲胄矢弩，戟楯蔽橹，丘牛大车”，公室就要拿出十分之六的开支。特别是战线越长，运输越困难。这就阐明了战争依赖于经济。进行战争首先要详细计算战争的费用、粮食、器械、车马、用具等，这是进行战争的物质条件。正如奥国名将莫德古古里说：“作战第一要素是钱，第二要素是钱，第三要素还是钱。”随着时代的演进，战费愈来愈高，如第二次世界大战的战费是第一次世界大战的四倍。到了越战，战费已高达千亿美元左右，以美国雄厚的国力，也被拖累得惨兮兮。

（二）在进攻作战中宜速胜不宜久拖

孙子从“不尽知用兵之害者，则不能尽知用兵之利”这一朴素的辩证法思想出发，着重阐述了在进攻作战中速战速决的战略主张。他说：“兵闻拙速，未睹巧之久也。”这话的意思是说，指挥虽拙而求速胜，决不为稳妥而旷日持久。孙子参加的吴军破楚入郢之战，就是这一战略思想绝好的说明。当时如果楚军封锁楚国北部的三关要塞，前后来击，吴军将处于十分被动的地位。战争由于其概然性和不确实性的程度较大。因此，总是带有一定程度的冒险性的。所以，在当时的条件下孙子主张实行速战速决的战略是有其客观依据的。

第一，孙子所处的时代，社会生产力水平低下，交通运输甚为不便，加之战争规模扩大，动辄“日费千金”，如果久拖，必然“屈力殚货”。当时一个国家由于人口有限，物质条件很缺，支持不了长期作战。这个客观条件，不是任凭人们的意志决定的。战争久拖不决，国家财力枯竭，必然要加征赋役，加重人民的负担，从而引起物价飞涨，造成人民的不满。《用间》中还说到，“内外骚动，怠于道路，不得操事者，七十万家”，对社会生产力的影响和破坏是十分严重的。

第二，当时各诸侯国之间正激烈地互相兼并，如果战争久拖不决，随时都可能陷入两面作战的不利地位。春秋之世，诸侯列国互相兼并，战争频繁，互相觊觎，尔虞我诈。对于这样一种天下扰攘，列国虎视的形势，孙子多次论述过避免两线作战的问题。告诫制定战争政策的君主，一定要警惕“诸侯之难”（诸侯发难举兵入侵，见《谋攻》）。在本篇中他明确指出，如果长期暴师于外，就会造成“钝兵挫锐，屈力殚货，则诸侯乘其弊而起，虽有智者，不能善其后矣”。他看到，一旦陷入两面作战的被动状态，是任何人也不能挽救危局的。历史事实证明，春秋时代在许多被灭亡的国家中，有不少都是因两面作战而国破军亡的。吴国本身灭亡，从军事战略的角度来看，其失败就是四面树敌，最后陷入两面作战，以致被越国所灭。

能不能说孙子主张进攻和速胜而反对防御和持久呢？不能。因为，孙子在本篇与《九地》中所主张的进攻与速决，都是从对敌国实行战略进攻而言的，而不是从战略防御角度而言的。既然是出国远征的战略进攻，那么，孙子主张速胜是无可非议的。无论古今中外，凡是对敌武装实行战略进攻的一方，无不主张速战速决，反对旷日持久。反之，实行战略防御的一方，都主张持久抗击而反对急于求胜。其所以如此，是由攻防双方战争的政治目的、经济条件和军事力量等基本条件决定的。

（三）以战养战

为了解决战争需要和后方补给困难的矛盾，为了减少财政开支和人民负担，孙子主张“役不再籍，粮不三载，取用于国，因粮于敌”。意思是，征兵不一再的征，粮秣不三次的运送；军需从国内取用，粮秣在敌国就地解决。他在这段文字中还作了一个1：20的效益数量计算：“食敌一钟，当吾二十钟；萁秆一石，当吾二十石。”就是说，从运输成本计算，还是在敌国就地征发划算。采取这种类似“以战养战”的方针既可以“因粮于敌”，“取敌之利”，即军队的作战粮食能在敌国就地解决，又能够减轻后勤供应上的负担，少征老百姓的赋役。

“因粮于敌”的原则，历来被各交战国所重视和运用。例如，拿破仑征俄，本想“因粮于敌”，但俄国坚壁清野，又逢严冬，法军饥寒交迫，终败退而返。善战如拿破仑者也不禁说：“粮食、粮食，如没有粮食，军队就要崩溃了。”

谋攻篇第三

【原文】

孙子曰：凡用兵之法，全国为上，破国次之[1]；全军为上，破军次之；全旅为上，破旅次之；全卒为上，破卒次之；全伍为上，破伍次之[2]。是故百战百胜，非善之善者也；不战而屈人之兵，善之善者也。

故上兵伐谋[3]，其次伐交[4]，其次伐兵，其下攻城。攻城之法为不得已[5]。修橹轒辒[6]，具器械[7]，三月而后成，距闉[8]又三月而后已[9]。将不胜其忿，而蚁附之[10]，杀士三分之一，而城不拔者，此攻之灾也。故善用兵者，屈人之兵[11]而非战也[12]，拔人之城而非攻也[13]，毁人之国[14]而非久也。必以全[15]争于天下，故兵不顿[16]，而利可全，此谋攻之法也。

故用兵之法：十则围之[17]，五则攻之[18]，倍则分之[19]，敌则能战之[20]，少则能逃之[21]，不若则能避之[22]。故小敌之坚，大敌之擒也[23]。

夫将者，国[24]之辅[25]也，辅周则国必强[26]，辅隙则国必弱[27]。

故君之所以患于军者三[28]：不知军之不可以进而谓之进，不知军之不可以退而谓之退，是谓縻军[29]；不知三军[30]之事而同三军之政者[31]，则军士惑矣；不知三军之权而同三军之任，则军士疑矣。三军既惑且疑，则诸侯之难至矣，是谓乱军引胜[32]。

故知胜[33]有五：知可以战与不可以战者胜；识众寡之用者胜[34]；上下同欲者胜；以虞待不虞者胜；将能而君不御者胜。此五者，知胜之道也。

故曰：知彼知己者，百战不殆[35]；不知彼而知己，一胜一负；不知彼，不知己，每战必殆。

【注释】

①全国为上，破国次之：完整地使敌国降服是上策，经过交战击破敌国就次一等。全国，指使敌国整个地降服。破国，这里指攻破敌国。曹操注："兴师深入长驱，距其城廓，绝其内外，敌举国来服为上；以兵击破，败而得之，其次也。"

②军、旅、卒、伍：古代军队的编制单位。旧说 12500 人为军，500 人为旅，100 人为卒，5 人为伍。春秋以后，各诸侯国发展情况不同，军队编制不完全一样。

③上兵伐谋：最好的用兵方法是以谋伐敌，即以计谋使敌屈服。上兵，优秀的军事家。伐，讨伐、攻打。伐谋，用谋略战胜敌人。

④伐交：交，这里指外交。伐交，指通过外交途径。分化瓦解敌人的盟国，扩大、巩固自己的盟国，迫使敌人陷于孤立，最后不得不降服。

⑤攻城之法为不得已：是说攻城的方法是不得已才用的。攻城，即以城堡为作战目标，《孙子兵法》认为这是下策。这就是谋攻的第四类方法。

⑥轒辒（fén wēn）：古代攻城用的四轮车，用排木制作，外蒙牛皮，可容纳 10 人，用以运土填塞城壕。

⑦具器械：准备攻城用的器械。具，准备。

⑧距闉（yīn）：用以攻城而堆积的土山，以便登城或观察情况。闉通堙，土山。

⑨已：结束。

⑩蚁附之：指士兵像蚂蚁一般爬梯攻城。

⑪屈人之兵：降服敌人的军队。

⑫非战：指运用"伐谋"、"伐交"等办法迫使敌人降服，而不用交战的办法。

⑬拔人之城而非攻也：指夺取敌人的城堡不靠硬攻的办法。

⑭毁人之国：汉简《孙子兵法》作"破人之国"。

⑮全：万全。这里指用万全的谋略。

⑯顿：通钝，这里指疲惫、受挫的意思。

⑰十则围之：有十倍于敌人的绝对优势的兵力，就要四面包围，迫敌降服。

⑱五则攻之：有五倍于敌的优势兵力，就要进攻它。

⑲倍则分之：有一倍于敌的兵力，就设法分散敌人，以便在局部上造成更大的兵力优势。

⑳敌则能战之：同敌人兵力相等，就要善于设法战胜敌人，如设伏诱敌等等。敌，这里指势均力敌。

㉑少则能逃之：兵力比敌人少，就要能摆脱敌人。逃，脱离、摆脱。

㉒不若则能避之：各种条件均不如敌人时，就要设法避免与敌交战。

㉓小敌之坚，大敌之擒：力量弱小的军队，如只知坚守硬拼，就会成为强大敌人的俘虏。

㉔国：指国君。

㉕辅：辅佐、辅助。这里引申为助手。

㉖周：周到，周全。

㉗隙：漏洞、缺陷。

㉘君之所以患于军者三：此句有的版本作“军之所以患于君者三”。患，危害、贻害。

㉙縻军：束缚军队，使军队不能根据情况相机而动。縻（mí），羁縻、束缚。

㉚三军：军队的通称。周代，大的诸侯国设三军，有的为左、中、右三军，有的为上、中、下三军。

㉛同：共同，这里是参与、干涉的意思。

㉜乱军引胜：扰乱自己的军队，而导致敌人的胜利。引，引导、导致。

㉝知胜：预知胜利。

㉞识众寡之用：善于根据敌对双方兵力对比的众寡情况，正确采用不同战法。“识”，汉简《孙子兵法》作“知”。

㉟知彼知己者，百战不殆：殆，危险。知彼知己：指了解敌人各方面情况，也了解自己的长处和弱点，了解了敌情也了解了本军情况，

有把握才打，没有把握就不打，所以说百战不殆，即每次作战都没有危险。《十家注》、《武经》各本均无“者”字。

【译文】

孙子说：指导战争的法则是使敌国完整地降服是上策，击破敌国就次一等；使敌人全军完整地降服是上策，用武力击破它就次一等；使敌人全旅完整地降服是上策，击破它就次一等；使敌人全卒完整地降服是上策，击破它就次一等；使敌人全伍完整地降服是上策，击破它就次一等。所以，百战百胜，不算高明中最高明的，不战而使敌人降服才算是高明中最高明的。

所以用兵的上策是以谋略胜敌，其次是通过外交手段取胜，再次是使用武力战胜敌人，下策是攻城。攻城的办法是不得已的。修造大盾和四轮车，准备攻城器械，3 个月才能完成；构筑攻城用的土山，又要 3 个月才能竣工。将帅非常焦躁忿怒，驱使士卒像蚂蚁一般爬梯攻城。士卒伤亡了三分之一，而城还是攻不下来，这就是攻城的灾害。所以善于指挥战争的人，使敌军屈服不用硬打。夺取敌人的城堡不用硬攻，灭亡敌人的国家不旷日持久，一定要用全胜的谋略争胜于天下。这样，军队就不至于疲惫受挫，而胜利可以完满地获得。这就是谋攻的法则。

所以用兵的法则，有十倍于敌人的兵力就四面包围，迫敌屈服；有五倍于敌人的兵力，就要进攻敌人；有一倍于敌人的兵力，就要设法分散敌人；同敌人兵力相等，就要善于设法战胜敌人；比敌人兵力少，就要善于摆脱敌人；各方面条件均不如敌人，就要设法避免与敌决战。所以弱小的军队如果只知坚守硬拼，就会成为强大敌人的俘虏。

将帅是国君的助手，辅助得周密，国家就会强盛，辅助得有缺陷，国家就要衰弱。

国君可能贻害军队的有三种情况：不懂得军队不能前进而命令军队前进，不懂得军队不能后退而命令军队后退，这叫做束缚军队；

不知道军队内部的事务，而干涉军队的行政，军士就会迷惑不解；不知道用兵的权谋，而干涉军队的指挥，将士就会产生疑虑。军队既迷惑又疑虑，列国诸侯乘机进攻的灾难就临头了，这就是所谓扰乱自己的军队而导致敌人的胜利。

有五种情况可以预见到胜利：知道什么情况下可以打，什么情况下不可以打的，会胜利；懂得根据兵力多少而采取不同战法的，会胜利；上下齐心协力的，会胜利；以预先有准备对待没有准备的，会胜利；将帅指挥能力强而国君不牵制的，会胜利。这五条，是预见胜利的方法。

所以说，了解敌人又了解自己，百战都不会有危险；不了解敌人而了解自己，胜败的可能各半；既不了解敌人，又不了解自己，那就每战都有危硷了。

【解说】

本篇主要论述“上兵伐谋”，运用谋略夺取全胜的重要性；指出知胜的条件和致败的原因；揭示“知彼知己，百战不殆”的著名军事规律。

（一）用智谋夺取全胜的重要性

“谋攻”，直译就是用谋略攻敌。换言之，就是在战略策略上战胜敌人。核心是一个“全”字。《孙子兵法》中的“全”，如同孔子哲学的核心“仁”，老子哲学的核心“道”，是我们研究孙子军事思想的一条基本线索。13篇中，提到“全”的地方有十处之多，诸如“安国全军之道”（《火攻》），“自保而全胜”（《形篇》）等等，但最主要的篇章则是本篇。“全”，《说文解字》告诉我们：“纯玉曰全。”由无瑕的纯玉引申为完整、完备、完美的意思。例如《列子·天瑞》：“天地无全功，圣人无全能，万物无全用。”认为无论天地、万物、明君贤将都不可能达到十全十美的地步。孙子也正是在这个意义上使用“全”的含义的。”

孙子首先以强力强攻和以谋巧攻这两种取胜的方法进行了分析，他说："凡用兵之法，全国为上，破国次之；全军为上，破军次之；全旅为上，破旅次之；全卒为上，破卒次之；全伍为上，破伍次之。""全"就是使敌人全部屈服而自己又不受损失；"破"就是击破敌人而自己也难免受到一定的损失。从两种方式两种结果比较中，孙子认为，"全"为上，"破"次之。因此，孙子所谓全胜的计谋，就是本篇所说的"百战百胜，非善之善者也；不战而屈人之兵，善之善者也"。这里讲的"不战而屈人之兵"与"屈人之兵而非战也"中的"不战"、"非战"都是指不与敌人直接交战，而不是放弃武装，反对战争。不经过直接交战而使敌人屈服的"全胜"战略思想，是孙子对战争所希图达到的最理想境界。1962 年古巴飞弹事件中，美国总统肯尼迪以强硬态度，迫使运送导弹到古巴的苏联船只折回，此乃"不战而屈人之兵"的实例。

孙子提出了一条取胜的总的指导思想，即："必以全争于天下，故兵不顿，而利可全。"以既能自保，又能全胜为出发点，来确定"攻"的方式，是本篇的主旨。

孙子毕竟由于历史条件和阶级条件的限制，不可能全面地观察各种类型的战争，也不可能揭示战争的深刻的社会本质，因此，他的全胜思想只是当时特定历史条件下的产物。对于它，我们既不能苛求前人，但也应做出正确的解释。春秋时代的许多战争，由于其战争目的和战略企图简单、低级，因而常常只须炫耀一下武力，进行一番外交斗争，或者通过一般的战场较量就达到了政治目的，完成了战略企图，结束了一场战争。正是在这样的历史条件下，孙子总结和提出了"全胜"思想。

我们对于孙子的全胜思想不能片面地理解为仅仅是"伐谋"、"伐交"、"不战而屈人之兵"，而应当把他在战争指挥上的"胜于易胜"(《形篇》)、"胜已败者"(《形篇》)等等用力至少而获胜至大的一系列主张，都看做是全胜的内容。这不是曲解《孙子兵法》，恰恰是全面地看待这一部兵学名著。我们知道，孙子在对待物质条件和精神条件二者的关系上是具有朴素的唯物辩证思想的。如果孙子仅仅把谋略的胜利视为致胜的唯一条件，那么他岂不成了唯意志论者？然而，战争的胜利，必须依靠人和物很好结合才能取得。物质力量必须用物质去战胜，这是任何一个面对现实的战争指导者都懂得的。

孙子的全胜思想对后世产生了积极的影响，许多著名的兵书和军事家都吸收了这一思想。《司马法》说："上谋不斗。"司马穰苴在齐国明法审令，整饬军队，燕国和晋国闻风丧胆，不战而退。《尉缭子·战权》也说："高之以廊庙之论。"(战略方针要高明)《吴子·图国》中说"五胜者祸，四胜者弊，三胜者霸，二胜者王，一胜者帝"，认为多次取胜而夺天下者，将会招致祸害，只有一次取得胜利的才能成就帝业。以上这些军事思想，都无疑师法于孙子的"全胜"观，并在战国时代加以发展和创新。

(二)用智谋取胜的方法

孙子提出了以智谋取胜的四种手段："上兵伐谋，其次伐交，其次伐兵，其下攻城。"他认为，首先应争取以"伐谋"、"伐交"取胜，这是达到全胜的最好手段。

所谓"伐谋"，就是打破敌人的战略企图。杜牧在注释中举了两个史例，生动地说明了"伐谋"的运用。一种情况是敌人正谋划攻我，我则先伐其谋，制止敌人的进攻。他举例说，春秋时晋平公要攻打齐国，派范昭到齐国观察政情。齐相晏婴在樽俎之间挫败了范昭的挑衅，阻止了晋国的战争。另一种情况是我欲攻敌，敌已有防御打算，我则挫败其防御企图，使敌来不及组织有效的抵抗。这种情况，他以春秋时秦国伐晋的河曲之战为例。公元前615年，秦国发兵攻晋。晋国派将军赵盾率兵抵御。赵盾采纳了上军副将臾骈"深垒固军以待之"的持久防御方针。秦国君主鉴于这一情况，问计于部将士会。士会献策说：晋将赵穿，是晋国国君的女婿，受到宠信，但他不懂军事，为人骄狂，可以派兵一部袭击赵穿所在的上军，诱其脱离筑垒地域，进行野战。士会这个计策实行后，果然奏效，打破了晋军持久防御的预定方针。

所谓“伐交”，就是在外交斗争上战胜敌人。例如，《左传》僖公四年（前656年）载：齐楚召陵（今河南偃城东）结盟，就是由于楚军以实力为后盾，楚成王派屈完质问齐桓公，并且面对齐桓公的武力威胁作了有理有节，不卑不亢的外交斗争，从而使齐桓公所纠合的八国之军不敢蠢动，最后在召陵结盟修好的。

“伐谋”与“伐交”虽有区别，但又是彼此联系的。例如著名的晋楚城濮之战，晋文公在战前所进行的一系列行动——争取齐、秦参战，拆散楚国与曹国、卫国的同盟，乃至扣留楚使宛春激怒楚将子玉等——都融汇了“伐谋”与“伐交”的斗争。孙子对于“伐谋”、“伐交”和“伐兵”的关系及其具体运用，在《九地》中有进一步的阐述：“是故不知诸侯之谋者，不能预交。”认为如果不了解诸侯的战略意图，就不能与他们结交。这句话可以看做是孙子对“谋”与“交”二者关系的阐发。他又说：“夫霸王之兵，伐大国，则其众不得聚；威加于敌，则其交不得合。是故不争天下之交，不养天下之权，信己之私，威加于敌，故其城可拔，其国可隳。”这段话，是孙子对于谋略、外交以及诉诸武力诸关系的更深入、更明晰的表述。

其次是“伐兵”。在战场上如何争取“全胜”，孙子在以后几篇中分类进行了精辟的论述。在本篇，他强调根据敌我兵力对比，兵力的多寡，采取不同的方法：“十则围之，五则攻之，倍则分之，敌则能战之，少则能逃之，不若则能避之。”就是讲在敌我力量对比的三种情况（即我处于优势、势均力敌、我居劣势）下，要临机应变，用智谋取胜。如第二次世界大战德军以装甲雄师一举攻入波兰，靠的就是有数倍于波兰的强大军力。

孙子认为“其下攻城”，“攻城之法为不得已”。只有不得已才去攻打敌人的城寨，孙子把它列为下策。如蒙古于南宋末年攻打四川合川钓鱼台，以蒙古军之强，历十年且死亡数万人才成。再如希特勒知马其诺防线不易攻，遂取道比利时而下法国，此乃避免“下策”之高招。

（三）知彼知己，百战不殆

孙子认为，在战争指导上，重要的是知道敌我情况，否则就会产生极其危险的结果。孙子指出危害军队的三个“不知”：“不知军之不可以进而谓之进，不知军之不可以退而谓之退，是谓縻军；不知三军之事而同三军之政者，则军士惑矣；不知三军之权而同三军之任，则军士疑矣。”这三条都是君主对军队的瞎指挥。并且指出了这种瞎指挥的危害是，使军队既迷惑又疑虑，各诸侯国乘隙进攻的灾难就临头了，这就是扰乱自己的军队而导致敌人的胜利。反之，不搞瞎指挥，而是按照军事斗争的特点对将帅进行正确领导的，就是孙子所主张的明君。君与将的关系，孙子并不认为是对立的，相互排斥的，而是认为二者的关系如同辅车相依——国君如同车轮，将帅如同车轮上的支柱——缺一不可。

孙子又从战争指导上提出了争取“全胜”的五条原则：“知可以战与不可以战者胜，识众寡之用者胜，上下同欲者胜，以虞待不虞者胜，将能而君不御者胜。”强调必须根据敌我情况，从实际出发决定自己的行动，才是“知胜之道”。

所以，本篇的结论是：“知彼知己者，百战不殆；不知彼而知己，一胜一负；不知彼，不知己，每战必殆。”这是历史上第一次用简明扼要的语言概括出，“知己知彼，百战不殆”这一具有普遍意义的战争指导规律，这是《孙子兵法》中的精华部分，也是贯穿13篇的一条重要线索。

形[1]篇第四

【原文】

孙子曰：昔之善战者[2]，先为不可胜，以待敌之可胜[3]。不可胜在己，可胜在敌。故善战者，能为不可胜，不能使敌之可胜。故曰：胜可知而不可为[4]。不可胜者，守也；可胜者，攻也。守则不足，攻则有余[5]。善守者，藏于九地之下，善攻者，动于九天之上[6]，故能自保而全胜也。

见胜不过众人之所知[7]，非善之善者也[8]；战胜而天下曰善，非善之善者也。故举秋毫不为多力[9]，见日月不为明目，闻雷霆不为聪耳。古之所谓善战者，胜于易胜者也[10]。故善战者之胜也，无智名，无勇功[11]。故其战胜不忒[12]，不忒者，其所措必胜，胜已败者也。故善战者，立于不败之地，而不失敌之败也。是故胜兵先胜而后求战[13]，败兵先战而后求胜[14]。善用兵者，修道而保法[15]，故能为胜败之政。

兵法：一曰度，二曰量，三曰数，四曰称，五曰胜[16]。地生度，度生量，量生数，数生称，称生胜[17]。

故胜兵若以镒称铢[18]，败兵若以铢称镒。

胜者之战民也[19]，若决积水于千仞之溪者[20]，形也。

【注释】

①形：情形，可见之情谓之形。这里指观察敌我双方情形，如度、量、数、称、胜，正确估计敌我双方军事实力。从《形篇》的内容看，形，指的是军事实力。《势篇》中也说："强弱，形也。"汉简《孙子兵法》"形"作"刑"。

②昔：过去，从前。

③先为不可胜，以待敌之可胜：首先要创造条件，使自己不致被敌人战胜，然后等待和寻求敌人可能被我战胜的时机。

④胜可知而不可为：胜利是可以预知的，但敌人有无可乘之隙，被我战胜，则不能由我而定。

⑤守则不足，攻则有余：所以采取守势，是因为取胜条件不足；所以采取攻势，是由于取胜条件有余。

⑥善守者，藏于九地之下；善攻者，动于九天之上：九，泛指多数，不是具体的规定。九地，极言深不可知；九天，极言高不可测。藏于九地之下，指极其深密地隐藏自己的力量。动于九天之上，指极其高明地发挥自己的威力。

⑦不过：不超过。

⑧非善之善者也：不算是好中之好的。汉简《孙子兵法》作“非善者也”。

⑨秋毫：指兽类在秋天新长的细毛，用来比喻事物非常轻微。

⑩古之所谓善战者，胜于易胜者也：汉简《孙子兵法》作“所谓善者，胜于胜者也”。

⑪故善战者之胜也，无智名，无勇功：汉简《孙子兵法》作：“故善者之战，无奇胜，无智名，无勇功。”

⑫不忒：忒（tè），差错、疑误。无疑误，确有把握的意思。

⑬胜兵先胜而后求战：指能取胜的军队，总是先创造取胜的条件，而后才同敌人作战。

⑭求胜：期求胜利，这里含有寄希望于侥幸取胜的意思。

⑮修道：指从各方面修治“先为不可胜”之道，如政治、军事、自然各方面条件的准备等。

⑯一曰度，二曰量，三曰数，四曰称，五曰胜：度，计算长短的尺寸叫度。这里的度，一说指忖度、判断的意思；二说指国土的大小。量，计算粮食多少的升、斗等叫量，这里指容量的限度，即战场容量。数，数目的多少，这里指敌对双方可能投入的兵力数量。称，就是衡，衡量轻重叫衡。这里是说权衡，指双方力量的对比。

⑰地生度，度生量，量生数，数生称，称生胜：一说，指根据战地地形的险易、广狭、死生等情况，做出利用地形的判断；根据对战地地

形的判断，得出战场的容纳限度，即战场容量；根据战场容量的大小，确定作战部署兵力的数重；根据敌对双方可能投入兵力的数量，进行衡量对比；根据双方力量的对比，判断作战的胜负。另一说，度，指土地幅员的大小；量，指物质资源的多少。这样，此句意为：敌对双方土地面积不相等，就产生幅员大小的“度”的不同；幅员大小不同，就产生物质资源多少的“量”的不同；物资多少不同，就产生所能动员和保持兵力众寡的“数”的不同；兵力众寡不同，就产生军事力量对比的“称”的不同；力量对比不同，就产生了战争胜负的不同。

⑱镒（yì）、铢（zhū）：都是古代的重量单位。1 镒为 24 两（一说为 20 两），1 两为 24 铢。镒比铢重 500 多倍。这里用来比喻两军实力的悬殊。

⑲胜者之战民也：胜利者指挥士卒打仗。胜者，胜利者。民，作“人”解，这里指士卒。《势篇》中有：“任势者，其战人也，如转木石。”这里的“战人”与“战民”同一意义。汉简《孙子兵法》作：“称胜者战民也。”

⑳千仞：仞，古代长度单位之一。8 尺（一说 7 尺）为仞。千仞，比喻非常高。

【译文】

孙子说：从前会用兵打仗的人，先要创造不被敌人战胜的条件，来等待和寻求战胜敌人的时机。使自己不可被敌人战胜，在于自己的主观努力；能够战胜敌人，在于敌人有可乘之隙。所以，善于用兵打仗的人，能够做到不被敌人战胜，而不能使敌人必定为我所胜。所以说：胜利可以预见到，但敌人有无可乘之隙，被我打败，则不能由我而定。当我不可能战胜敌人时，应进行防守；可能战胜敌人时，应采取进攻。防守是由于取胜条件不足，进攻是由于取胜条件有余。善于防守的人，像藏于深不可知的地下一样，使敌人无形可窥；善于进攻的人，像动作于高不可测的天上一样，使敌人无从防备。所以能保存自己，而又取得完全消灭敌人的胜利。

预见胜利，不超过一般人的见识，不是高明中最高明的；经过力战打了胜仗，普天下人都说好，也不是高明中最高明的。这就像能举起秋毫算不得力大，能看见日月算不得眼明，能听到雷声算不得耳灵一样。古来所说的善于打仗的人，都是在容易取胜的条件下战胜敌人的。所以，这些所谓善于打仗的人所取得的胜利，既没有智谋的名声，也没有勇武的功劳，因为他的取胜是无疑的，其所以无疑，由于他的胜利是建立在确有把握的基础上，他所战胜的敌人是已经处于失败地位的敌人。善于打仗的人，总是使自己立于不败的地位，而又不放过任何足以战胜敌人的机会。因此，胜利的军队总是先创造取胜的条件，而后才同敌人作战；打败仗的军队，总是先同敌人作战，而后期求侥幸取胜。善于用兵的人，能够从各方面修治“不可胜”之道，确保必胜之法度，所以能掌握胜败的决定权。

兵法上，用五个步骤来估计胜利的可能性：一是度，二是量，三是数，四是称，五是胜。根据战地地形的险易，广狭、死生等情况，做出利用地形的判断；根据对战地地形的判断，得出战场容量的大小；根据战场容量的大小，估计双方可能投入兵力的数量；根据敌对双方可能投入兵力的数量，进行衡量对比；根据双方兵力的对比，判断作战的胜败。

所以，胜利的军队对失败的军队，就好比处于以镒称铢的绝对优势的地位；失败的军队对胜利的军队，就好比处于铢称镒的绝对劣势的地位。

胜利者在指挥军队作战，就像决开在8000尺高处的溪中的积水那样，其势猛不可挡。这是强大的军事实力的表现。

【解说】

本篇主要论述如何依据敌我双方军事实力的强弱，采取攻守两种不同形式，“自保而全胜”；提出了先使自己立于不败之地，进而求胜的作战指导原则。

（一）创造条件，寻机胜敌

本篇开宗明义指出："先为不可胜，以待敌之可胜。"这是本篇的主导思想。孙子认为，创造条件，积蓄军队的作战力量，使自己立于不败之地，是战胜敌人的客观基础；在这个前提下，去等待和寻求战胜敌人的机会，才能取得胜利。

（二）灵活运用攻防两种作战形式

攻守是战争的两种基本形式。孙子说："不可胜者守也；可胜者攻也。守则不足，攻则有余。"意思是说，使敌不能胜我，关键在于组织好防御；使我可以胜敌，关键在于组织好进攻。采取防御手段是由于取胜的条件不足，采取进攻手段是由于取胜的条件有余。善于运用攻守两种作战形式，就"能自保而全胜"，即达到进攻和防御的共同目的：保存自己，消灭敌人。

孙子认为，攻守要着眼于迷惑对方造成错觉。进攻时，变化无常，使敌人不知道怎样防守好；防御时，隐秘莫测，使敌人不知道怎样进攻好。这就是他所说的："善守者，藏于九地之下（如同藏在很深很深的地下）；善攻者，动于九天之上（如同行动于很高很高的天上）"，以及《虚实》中说的："故善攻者，敌不知其所守；善守者，敌不知其所攻。"

孙子对于攻防、胜负的论述十分谨慎，他只表示：采取防御可以做到保全自己，但能不能取得胜利他不打包票，那要看是什么样的敌人，所谓"可胜在敌"。防御只是"自保"的作战形式，要取得消灭敌人的胜利，还必须采取进攻的作战形式，所谓"可胜者攻也"。对于进攻作战，孙子所企求的胜利，仍然贯穿了他的"全胜"思想。在本篇中，对于"全胜"的战略思想作了更进一步的发挥，提出"胜于易胜"的指导原则。"胜于易胜"就是打好打的敌人，在容易取胜的条件下同敌人作战，打起仗来就像雷公打豆腐，石头砸鸡蛋一样容易。他说：所夺取的胜利，如果在战争预测上，"见胜不过众人之所知”，如果在战争结局上“战胜而天下曰善”，都是“非善之善者也”。那么怎样的胜利才是他所企求的标准呢？那就是：“无智名，无勇功。故其战胜不忒，不忒者，其所措必胜，胜已败者也。”进攻那已经处于失败地位的敌人。要做到“胜于易胜”，就要靠将帅充分发挥能动作用，采取各种措施，善于从各方面修治“不可胜”之道，确保必胜之法度，掌握胜败的主动权（即“修道而保法”。“能为胜败之政”）。

（三）敌对双方实力的对比，是作战胜负的基础

本篇提出一个十分重要的战斗力计算问题。这是孙子继《计篇》战略运筹（庙算）之后，又在战术范围内把数量分析引进到军事领域之中。他说：战斗力可按照度、量、数、称、胜依次进行计算。根据战地地形的险易、广狭、死生等情况，做出利用地形的判断，这就是“度”；根据对战地地形的判断，得出战场容量的大小，这就是“量”；根据战场容量的大小，估计双方可能投入兵力的数量，这就是“数”；根据敌对双方可能投入兵力的数量，进行衡量对比，这就是“称”；根据双方兵力的对比，判断作战的胜负，这就是“胜”。张预在注释中引李靖兵法说：“教士犹布棋于盘，若无画路，棋安用之？”认为孙子这一战术计算说的是“安营布阵之法”。张预的解释无疑是符合孙子本义的。因为，孙子既然主张预见胜利要超出众人之上，所以在下定作战决心必须有科学的依据，以便去制定作战计划，指导战斗行动，达到他所要求的用最小的代价换取最大胜利的目的。

孙子把力量对比建立在科学计算的基础上，而且他要求这种强弱对比如同“以镒称铢”那样占有绝对优势。因此，这样优势的兵力一旦向敌发起进攻，就如同蓄积于高山之水，一经决开，奔腾而下，不可抵御。按照孙子这样去指导战争，就如同陈皞在注释中所说的，可以做到“筹不虚运，策不徒发”。每战都仔细计划，慎重行动，非有十分把握决不贸然用兵，自能战必胜，攻必克。

势[1]篇第五

【原文】

孙子曰：凡治众如治寡，分数是也[2]；斗众如斗寡[3]，形名[4]是也；三军之众，可使必受敌而无败者，奇正是也[5]；兵之所加，如以碫投卵者[6]，虚实是也[7]。

凡战者，以正合，以奇胜[8]。故善出奇者，无穷如天地，不竭如江河[9]。终而复始，日月是也。死而复生，四时是也[10]。声不过五，五声之变[11]，不可胜听也。色不过五，五色之变[12]，不可胜观也。味不过五，五味之变[13]，不可胜尝也。战势不过奇正[14]，奇正之变，不可胜穷也。奇正相生[15]，如环循之无端[16]，孰能穷之？

激水之疾[17]，至于漂石者，势也；鸷鸟之疾，至于毁折者，节也。是故善战者，其势险，其节短。势如𰰳弩，节如发机[18]。

纷纷纭纭[19]，斗乱而不可乱也；浑浑沌沌，形圆而不可败也[20]。

乱生于治，怯生于勇，弱生于强[21]。治乱，数也；勇怯，势也；强弱，形也。

故善动敌者[22]，形之，敌必从之[23]；予之，敌必取之；以利动之，以卒待之[24]。

故善战者，求之于势，不责于人[25]，故能择人而任势[26]。任势者，其战人也[27]，如转木石。木石之性，安则静，危则动，方则止，圆则行。故善战人之势，如转圆石于千仞之山者，势也。

【注释】

①势：态势。采用奇正并用，在战术上造成有利于我不利于敌的态势。凡力的突发都是“势”，后面其漂石的“势”是水势，其势险的“势”是指形势。汉简《孙子兵法》“势”作“埶”字。

②凡治众如治寡，分数是也：治众，治理人数众多的军队。治，治理。分数，指军队的组织编制。

③斗众：指挥人数众多的军队作战。

④形名：指古时军队使用的旌旗、金鼓等指挥工具、联络信号等，这里引申为指挥。形，目可见者为形。名，耳可闻者为名。

⑤奇正：指古代军队作战的变法和常法；其含义甚广。在军队部署上，担任警备的部队为正，集中机动的兵力为奇。担任箝制的部队为正，担任突击的部队为奇。担任正面进攻的部队为正，担任侧面包围、迂回的部队为奇。在战法上，明攻为正，暗袭为奇。按一般原则作战为正，采用特殊战法为奇。

⑥以碫（duàn）投卵：比喻实力强的部队进攻实力弱的部队，就像用坚硬的石头投击鸡蛋一样，一击即碎。碫，磨刀石，这里泛指石块。卵，鸡蛋。

⑦虚实：指强弱、劳逸、众寡、真伪等，这里是以实击虚的意思。

⑧以正合，以奇胜：合，会合、交战。此句意为，以正兵合战，以奇兵制胜。

⑨竭：尽，绝。

⑩四时：指春、夏、秋、冬四个季节。

⑪五声：中国古代用宫、商、角、徵、羽五个音阶区分声音的高低，加上变徵、变宫，与现在简谱中所用的七音阶大体相同。

⑫五色：我国古代以青、赤、黄、白、黑五种颜色为正色，其他为间色（即由两种或两种以上正色混合而成的颜色）。

⑬五味：指甜、酸、苦、辣、咸五种味道。

⑭战势：这里指战略形势和战术态势。

⑮奇正相生：这里含有奇和正相互依存、相互转化的意思。

⑯循环之无端：循，顺着的意思。顺着圆环旋转，没有尽头，比喻事物的变化无穷。

⑰激水之疾：激，阻截水流，以增强水势。疾，急速。湍急的流水以飞快的速度奔泻。

⑱势如彍弩，节如发机：彍（kuò），把弓拉满的意思。弩（nǔ），用机括发箭的弓。彍弩，指拉满的弓弩。节，节奏。发机，触发弩机。势就像张满的弓弩冲击，节就像击发弩机。

⑲纷纷纭纭：纷纷，紊乱；纭纭，多而且乱。旌旗混乱的样子。

⑳形圆：一说，指阵势部署得四面八方都能应付自如。另一说，指变为圆阵即环形防御的意思。

㉑乱生于治，怯生于勇，弱生于强：一说，在一定条件下，严整可以转化为混乱，勇敢可以转化为怯懦，坚强可以转化为虚弱。另一说，军队要装作“乱”，本身必须“治”，要装作“怯”，本身必须“勇”，要装作“弱”，本身必须“强”。

㉒动敌：调动敌人。

㉓形之，敌必从之：形，示形，即以假象欺骗敌人。此句意为：以假象迷惑敌人，敌人必定上当。

㉔以利动之，以卒待之：以小利引诱调动敌人，以伏兵待机破敌。

㉕不责于人：责，责备，这里指苛求。不苛求部属。

㉖能择人而任势：择，选择；任，任用、利用。这句是说，挑选适当人材，充分利用形势。

㉗战人：指挥士卒作战，与《形篇》中之“战民”意义相同。

【译文】

孙子说：要做到治理人数多的军队像治理人数少的军队一样，就必须组织得好；指挥人数多的军队作战像指挥人数少的军队作战一样，这是由于有规定好了的信号来指挥；统帅全国军队，即使遭受敌人进攻而不致失败，这是由于“奇正”运用得好；军队进攻敌人，要能像以石击卵那样，所向无敌，这是由于“避实就虚”运用得正确。

大凡作战，一般都是以正兵当敌，以奇兵取胜。所以，善出奇制胜的将帅，其战法如天地那样变化无穷，像江河那样奔流不竭。

终而复始，就像日月运行一样；死而复生，就像四季更替一般。声音不过五种，然而五种声音的变化，却会产生出听不胜听的声调来。颜色不过五种，然而五种颜色的变化，却会产生出看不胜看的色彩来。味道不过五种，然而五种味道的变化，却会产生出尝不胜尝的味道来。战势，不过奇正两种，然而奇正的变化，却是不可穷尽的。奇正相互转化，就像顺着圆环旋转那样，无穷无尽，谁能做到穷尽它呢?

湍急的水能把石块漂移，这是由于水势强大的缘故；凶猛的飞鸟，以飞快的速度搏击，以致能捕杀鸟兽，这是由于节奏恰当的关系。所以，善于指挥作战的人，他所造成的态势是险峻的，他所掌握的行动节奏是短促而猛烈的。这种态势，就像张满的弓弩；这种节奏，犹如扣引弩机。

旌旗纷纷，人马纭纭，在混乱的状态中作战，必须使自己的部队不发生混乱；在混沌不清的情况下打仗，必须把队伍部署得四面八方都能应付自如，使敌人无隙可乘，无法败我。

在一定条件下，严整可以转化为混乱，勇敢可以转化为怯懦，坚强可以转化为虚弱。严整或混乱，是组织编制的好坏问题；勇敢或怯懦，这是态势的优劣问题；坚强或虚弱，这是军事力量的大小问题。

所以，善于调动敌人的将帅，以伪装假象迷惑敌人，敌人必为其调动；予敌以利，敌必为其所诱。以小利引诱调动敌人，以伏兵待机掩击敌人。

所以，善于指挥打仗的将帅，要善于利用造成有利的态势以取胜，而不苛求部属的责任，因而他就能选到适当人材，利用有利态势。善于“任势”的人，他指挥将士作战，就像转动木头和石头一般。木头、石头的本性，放在安稳平坦的地方就静止，放在险陡倾斜的地方就容易滚动，方形的木石就比较稳定，圆形的就容易滚动。所以善于指挥作战的人所造成的有利态势，就好像把圆石从 800 丈高山上往下飞滚那样，不可阻挡；

这就是军事上的所谓的“势”！

【解说】

本篇主要论述在军事实力的基础上，发挥将帅的指挥才能，造成和利用有利态势，出奇制胜地打击敌人。

首先讲一下本篇与上篇的关系，然后再讲本篇的内容。

《势篇》的“势”，是《形篇》的“形”（军事实力）的表现。换言之，“势”就是在军事实力的基础上，由于实行正确的作战指挥，从而在战场上所表现出的实际作战能力。从哲学上看，“形”是运动的物质，而“势”是物质的运动。《形篇》讲的是客观物质力量的积聚，《势篇》讲的是主观能动作用的发挥，这两篇是紧相联系不可分割的姊妹篇。我们从中也可看出，孙子在认识论上，反映了物质是第一性的、意识是第二性的这一朴素的唯物主义思想。

（一）用兵作战必须掌握四个环节

本篇首先提出了四个范畴：分数，形名、奇正、虚实，也是用兵作战必须掌握的四个环节，这是发挥军队力量的关键问题。这四者的先后顺序，不是随意排列的。孙子认为，从指挥关系上说，分数（组织编制）是第一位的，能否治理、提挈全军，这是关键。其次才是“形名”，是通信、指挥问题。再次是“奇正”，即变换战术和使用兵力，这是孙子在本篇所要论述的中心。最后是“虚实”，即避实击虚的作战指导，这是下篇的篇名和论证中心。这四个环节之间的逻辑联系是，要取得作战胜利，首先军队要有严密的组织体系，再要有一个灵便的通信联络、指挥系统，训练有素，令行禁止，善于机动的堂堂之阵，然后要有精通战术的将领指挥作战，最后是正确选定主攻方向，从而把胜利的可能性变为胜利的现实性。

（二）灵活运用战术，出奇制胜

孙子非常重视“奇正”，尤其重视“奇”的运用。奇和正是我国古代常用的军事术语，即指挥军队作战所运用的常法和变法。例如公开宣战是正，突然袭击是奇；正面攻击为正，侧面袭击为奇；权衡敌强我弱是正，而在战场上改变这种态势就是奇。还有，凡是一般指挥原则和方法（常法）是“正”，而临敌制变、慧心独创的指挥原则和方法（变法）是“奇”。例如，“十则围之”是正，“围师遗阙”是奇；“绝地无留”是正，“陷之死而后生”是奇，等等。《谋攻》中曹操注：主要兵力为正，次要兵力为奇。对于“五则攻之”以下各法，曹操更从兵力使用上作了进一步的发挥，对于后世学习《孙子兵法》提供了有益的启示。他说，兵力五倍于敌，就要以五分之三的兵力（主力）为正兵，以五分之二的兵力（次要兵力）为奇兵，实施钳形攻击。对于“倍则分之”，曹操指出，兵力两倍于敌，就以二分之一的兵力打正面，以二分之一的兵力打迂回（或侧击，或背击）。

孙子说：“凡战者，以正合，以奇胜。”这是奇正运用的一般规律。就是以正兵合战，以奇兵制胜。例如，如公元前718年，郑国进攻卫国，燕国出兵救援，与郑国的军队战于北制（今河南荥阳县境）。郑以三军部署在燕军的正面，另以一部偷袭其侧后。燕军只注意防备正面，背后遭到了郑军的突然袭击，结果大败。

孙子说：“战势不过奇正，奇正之变，不可胜穷也。奇正相生，如循环之无端，孰能穷之？”“故善出奇者，无穷如天地，不竭如江河。”“三军之众，可使必受敌而无败者，奇正是也。”“奇”与“正”的关系，则是相变相生的，“奇”可以变为“正”，“正”也可以变为“奇”，“奇正之变，不可胜穷也”。他认为一个高明的将帅，随着情况的变化而变换奇正战法，犹如天地一样变化无穷，江河一样奔流不竭，总是善出奇兵，打败敌人。

孙子把奇正的变化比喻为“形圆”，他说：“浑浑沌沌，形圆而不可败也。”指的是把队伍部署得四面八方都应付自如，使敌人无隙可乘，无法败我。《李卫公问对》中，唐太宗对于孙子的奇正有着出人意外的理解。他说：“以奇为正者，敌意其奇，则吾以正击之；以正为奇者，敌意其正，则吾以奇击之。”这样就把奇正的辩证关系和在实践中的灵活运用阐发得更为透辟了。

活用奇正之术，变化奇正之法，是指挥员临机处置情况所必须把握的艺术。在广阔的战场上，尽管奇正的变化“无穷如天地，不竭如江河”，但落脚点都是以我的“奇”击敌的“虚”，以我的“正”对敌的“实”。军事家“循无端之环”，惟有善出奇击虚者，才算领悟了奇正变化的要旨。

大凡指挥员判断敌手的用兵企图，多是按照传统的习惯和一般的兵法原则来分析情况的，而出奇用兵的变法，有许多恰是一反常规之法。例如，山岳丛林地和水网沼泽地都不便于坦克部队行动，指挥员选择主突方向和进攻路线时，通常都会依据坦克部队的使用原则，尽可能地避开这些不利的地形。可是，第二次世界大战中一些出奇击虚的著名战例，偏偏把主突方向、进攻路线选定在不利于坦克部队行动的地形上。例如1944年夏季，苏军在巴格拉季昂战役中，不是把主突方向选在便于坦克部队行动的乌克兰地区，而是选在白俄罗斯的森林、沼泽地，“由不虞（虞：预料）之道，攻其所不戒”（《九地》）。苏联影片《解放》中有这样一个情节：朱可夫到白俄罗斯的森林、沼泽地察看地形，从一只草鞋悟出了用伐木铺路，保障坦克破例通过难关的妙策，就是说的这个战例。

（三）选择适当人指挥作战，充分利用有利态势

战争是智慧的竞赛，更是力量的竞赛。奇正之变毕竟不是戏法之变，要把军队的战斗力充分发挥出来，真正做到出奇制胜，孙子提出了“势险”和“节短”两个重要原则，这也就是我们在《计篇》已经讲过的“造势”。“势险”说的是军队运动速度，孙子用“激水之疾（急速），至于漂石”作比喻，强调速度是发挥战斗威力的重要条件。“节短”说的是军队发起冲锋的距离，孙子用“鸷鸟之疾，至于毁折”作比喻，要求军队发起冲锋时的接敌距离应像雄鹰搏击小鸟那样以迅猛的速度在短距离上突然发起攻击。例如，有一种小

飞禽叫翠鸟（亦名钓鱼郎），绿色的羽毛，体长约15厘米，头大、体小，有一个像钉子一样的尖尖的嘴。它在水面上飞行，发现水中有鱼，就将双翅夹拢，依靠全身的力量，自天而降，如利箭入水，直冲其鱼。有时还能捉到比它自身还大的鱼。本篇中所讲的“其势险，其节短”，就像这个鸟，冲下来很猛（势险），时间却很短促（节短）一样。“势险”、“节短”就是孙子“造势”思想的要义所在。

那么如何才能做到“势险”、“节短”呢？孙子提出了一个著名的作战原则——“以利动之，以卒待之”。注家们称之为“动敌”。用今天的话说，就是实施机动，调动敌人。成功的机动是“造势”的关键。因为机动的目的就在于创造和利用敌人的过失或弱点，以便取得主动，形成优势地位。

孙子接着论述了“动敌”的两个办法。第一，示形。孙子说：“形之，敌必从之。”意思是以假象迷惑敌人，敌人必定上当。例如，公元前341年，魏国攻韩国，齐国起兵救韩，派田忌为将，孙膑为军师，率10万大军直赴大梁（今河南开封，魏国京城）。魏国得知后，即派太子申率兵10万尾追齐军。齐军根据孙膑的建议，采用示弱诱敌的方针，避免与魏军交战，并制造假象：第一天挖了10万人用的灶，第二天挖了5万人用的灶，第三天只挖了2万人用的灶。魏将庞涓误认为齐军三天即逃亡大半，便带领部分轻兵紧追齐军。孙膑判断魏军于日落时可到达马陵（今河北大名县东南），于是设下伏兵。待魏军到达时，齐军万箭齐发，魏军溃乱，庞涓自杀（山东临沂汉墓《孙膑兵法》残简为庞涓被擒），齐军乘胜追击，大破魏军，主将太子申被俘。

第二，诱敌。孙子说：“予之，敌必取之。以利动之，以卒待之。”意思是，予敌以利，敌人必为其所诱。以小利引诱调动敌人，以伏兵待机破敌。例如公元前700年，楚国攻打绞国，绞人守城不出，楚便用无兵保卫的打柴人前往诱敌，使绞人俘获30人。绞人见有利可图，于次日大批出动。这时，预先埋伏于山下的楚兵突然出击，大败绞人。

这样的战法能否巧妙地运用，关键在于“能择人而任势”。孙子说：“故善战者，求之于势，不责于人，故能择人而任势。”意思是，善于指挥打仗的将帅，他的注意力放在“任势”上，而不苛求部属，因而他就能选到适当人材，利用有利形势。杜牧注：“言先战者先料兵势，然后量人之材，随短长以任之，不责成于不材者也。”人材各有长短。用人如用器，贵在用其长而避其短。

虚实篇第六

【原文】

孙子曰：凡先处战地而待敌者佚[①]，后处战地而趋战者劳[②]，故善战者，致人而不致于人[③]。

能使敌人自至者，利之也；能使敌人不得至者，害之也。故敌佚能劳之，饱能饥之，安能动之。

出其所不趋[④]，趋其所不意。行千里而不劳者，行于无人之地也[⑤]。攻而必取者，攻其所不守也；守而必固者，守其所不攻也。

故善攻者，敌不知其所守；善守者，敌不知其所攻。

微乎微乎，至于无形。神乎神乎，至于无声，故能为敌之司命。

进而不可御者[⑥]，冲其虚也；退而不可追者，速而不可及也。故我欲战，敌虽高垒深沟[⑦]，不得不与我战者，攻其所必救也[⑧]；我不欲战，画地而守之[⑨]，敌不得与我战者，乖其所之也[⑩]。

故形人而我无形[⑪]，则我专而敌分。我专为一，敌分为十[⑫]，是以十攻其一也，则我众而敌寡[⑬]；能以众击寡者，则吾之所与战者，约矣。吾所与战之地不可知，不可知，则敌所备者多；敌所备者多，则吾所与战者，寡矣。

故备前则后寡，备后则前寡，备左则右寡，备右则左寡，无所不备，则无所不寡。寡者，备人者也；众者，使人备己者也。

故知战之地，知战之日，则可千里而会战。不知战地，不知战日，则左不能救右，右不能救左，前不能救后，后不能救前，而况远者数十里，近者数里乎？

以吾度之，越人之兵虽多[14]，亦奚益于胜败哉[15]？

故曰：胜可为也[16]。敌虽众，可使无斗[17]。

故策[18]之而知得失之计[19]，作之而知动静之理，形之而知死生之地，角之而知有余不足之处[20]。

故形兵之极，至于无形。无形，则深间不能窥[21]，智者不能谋[22]。

因形而错胜于众[23]，众不能知；人皆知我所以胜之形[24]，而莫知吾所以制胜之形。故其战胜不复[25]，而应形于无穷。

夫兵形[26]象水，水之形，避高而趋下，兵之形，避实而击虚[27]。水因地而制流，兵因敌而制胜。故兵无常势，水无常形，能因敌变化而取胜者，谓之神[28]。

故五行无常胜[29]，四时无常位[30]，日有短长[31]，月有死生[32]。

【注释】

①处：居止，这里是到达、占据的意思。

②趋战：仓猝应战的意思。趋，疾行、奔赴。

③致人而不致于人：致，引来，这里是调动的意思。致人，就是调动敌人，不致于人，就是不被敌人调动。

④出其所不趋：出兵要指向敌人无法急救的地方，也就是击其空虚的意思。汉简《孙子兵法》此句作“出于其所必趋”，《太平御览》等此句作“出其所必趋”，均为“攻其必救”之意。

⑤行千里而不劳者，行于无人之地也：行军千里而不疲劳的，是因为行进在敌人没有设防的地区。汉简《孙子兵法》作：“行千里而不畏，行无人之地也。”

⑥进而不可御者：进攻而敌人不可抵御。汉简《孙子兵法》作：“进而不可迎者。”

⑦高垒深沟：指很高的堡垒，很深的壕沟。

⑧攻其所必救：攻击敌人必然要救援的要害之处，以便调动敌人。

⑨画地而守：指不设防就可守住，比喻非常容易。

⑩乖其所之：即改变敌人的去向，把它引向别的地方去。乖，违背、背离，这里是改变的意思。之，这里作“往”字讲。

⑪形人而我无形：第一个“形”是动调，第二个“形”是名词。形人，就是设法把敌人的内部情况表现于外形上来，也就是用各种侦察手段察明敌情，或暴露敌人。我无形，就是隐蔽自己的行动和意图，使敌人看不出我军形迹，也就是使我军不暴露。

⑫我专为一，敌分为十：我军兵力集中在一处，敌人兵力分散在十处。汉简《孙子兵法》作：“我槫而为壹，敌分而为十。”

⑬我众而敌寡：我变为多数，敌人变为少数。

⑭越人：即越国人。越，春秋时国名，亦称于越，建都会稽（今浙江绍兴）。

⑮奚（xī）：疑问词，何的意思。

⑯胜可为：指胜利是可以争取到的。孙子在《形篇》中说：“胜可知而不可为。”是说胜利可以预知，但不能凭主观愿望去取得，必须具备一定的条件才行；此处又说“胜可为”，是说在具备一定条件的基础上，能够通过将帅巧妙的指挥取得胜利。不难看出，这里包含有朴素的辩证法思想。

⑰可使无斗：可以使敌人兵力分散而无法用全力与我交战。

⑱策：策度、筹算，这里是根据情况分析判断的意思。

⑲得失之计：这里指敌人作战计划的优劣长短。

⑳角之而知有余不足之处：角、角量、较量，这里指进行试探性的进攻。此句是说，经过试探性进攻，就可了解敌人兵力部署的虚实情况。

㉑无形，则深间不能窥：深间，指打入我方很深的间谍。因我虚实不露，变化无穷，所以深间也无法窥测。深间，有人解释为高明的间谍，可备一说。

㉒智者：聪明的人，这里指狡猾的敌人。

㉓错胜于众：指将胜利摆在人们面前。错，放置的意思。

㉔形：形态，这里指作战的方式方法。

㉕战胜不复：指作战方法灵活多变，每次取胜的方法都不重复。

㉖兵形：用兵的规律。形，方式方法，这里有规律的意思。

㉗避实而击虚：指避开敌人坚实之处，攻击其空虚薄弱的地方。

㉘神：神奇、智谋高超，这里是用兵如神的意思。

㉙五行无常胜：五行，即金、木、水、火、土。古人把这五种东西看做构成万物的基本元素，并认为它们之间“相生相胜”。所谓“相生”，即木生火，火生土，土生金，金生水，水生木。所谓“相胜”（也叫“相克”），指金克木、木克土、土克水、水克火、火克金。这种相生相克的结果没有哪一个固定独胜。

㉚四时无常位：指春、夏、秋、冬依次更替，循环往复，没有哪个季节固定不变。

㉛日有短长：指一年之中，白天的时间有短有长，始终处于变化之中。

㉜月有死生：指月亮有圆缺明暗的变化。农历每月之末日为晦，“晦，月尽也”，即是说月死了。农历每月初一为朔，“朔，初也”，即是说月又生了。

【译文】

孙子说：凡先到战地而等待敌人的就从容、主动，后到战地而仓猝应战的就疲劳、被动。所以，善于指挥作战的人，能调动敌人而不被敌人所调动。

能使敌人自己来上钩的，是以小利引诱的结果；能使敌人不能到达其预定地域的，是以各种方法阻碍的结果。所以，敌人休整得好，能设法使它疲劳；敌人给养充分，能设法使它饥饿；敌军驻扎安稳，能够使它移动。

出兵要指向敌人无法救援的地方，行动要在敌人意料不到的方向。行军千里而不疲困的，是因为行进在没有敌人及其没有设防的地区。进攻必然得手的，是因为攻击敌人不注意防守或不易守住的地方；防守必然巩固的，是因为扼守敌人不敢攻或不易攻破的地方。

所以，善于进攻的，能使敌人不知怎样防守；善于防御的，敌人不知道怎样进攻。

微妙呀！微妙到看不出一点形迹；神奇呀！神奇到听不出一点

声息。这样，就能主宰敌人的命运。

前进时，敌人无法抵御的，是因为冲击敌人空虚的地方；退却时，敌人无法追及的，是因为退得迅速使敌人追赶不上。所以，我若求战，敌人即使坚守深沟高垒，也不得不出来与我交战，是由于进攻敌人所必救的地方；我若不想交战，即使画地而守，敌人也无法和我交战，是因为我设法改变了敌人的进攻方向。

所以，用示形的办法欺骗敌人，诱使其暴露企图，而自己不露形迹，使敌人捉摸不定，就能够做到自己兵力集中而使敌人兵力分散；我军兵力集中于一处，敌人兵力分散于十处，我就能以十倍于敌的兵力打击敌人，造成我众而敌寡的有利态势；能做到以众击寡，那么与我军直接交战的敌人就少了。我们所要进攻的地方使敌人不知道，不知道，它就要处处防备；敌人防备的地方越多，兵力越分散，这样，我所直接攻击的敌人就不多了。

所以，注意防备前面，后面的兵力就薄弱；注意防备后面，前面的兵力就薄弱；注意防备左翼，右翼的兵力就薄弱；注意防备右翼，左翼的兵力就薄弱；处处防备，就处处兵力薄弱。敌人兵力所以少，是由于处处防备的结果；我方兵力所以多，是由于迫使敌人分兵防我的结果。

能预料同敌人交战的地点，能预料同敌人交战的时间，就是跋涉千里也可同敌人交战。如果既不能预料交战的地点，又不能预料交战的日期，就会左不能救右，右不能救左，前不能救后，后不能救前，何况远到几十里，近的也有好几里呢！

依我分析，越国的兵虽多，对于决定战争的胜败又有什么补益呢？

所以说，胜利是可以争取到的。敌军虽多，也可以使其无法用全部力量与我交战。

所以要认真分析判断，以求明了敌人作战计划的优劣长短；挑动敌人，以求了解其行动的规律；示形诱敌，以求摸清其所处地形的有利与不利；进行战斗侦察，以求探明敌人兵力部署的虚实强弱。

所以，示形诱敌的方法运用到极妙的程度，能使人们看不出一点形迹，看不出一点形迹，即使有深藏的间谍，也无法探明我方的虚实，即使很高明的敌人，也想不出对付我的办法来。

根据敌情而取胜，把胜利摆在众人面前，众人还是看不出来。人们只知道我是根据敌情变化取胜的，但是不知道我是怎样根据敌情变化取胜的。所以每次战胜，都不是重复老一套的方法，而是适应不同的情况，变化无穷。

用兵的规律像水，水流动的规律是避开高处而向低处奔流，用兵的规律是避开敌人坚实之处而攻击其虚弱的地方。水因地势的高下而制约其流向，作战则根据敌情而决定取胜的方针。所以，作战没有固定不变的方式方法，就像水流没有固定的形态一样；能依据敌情变化而取胜的，就称得上用兵如神了。

用兵的规律就像自然现象一样，“五行”相生相克，四季依次交替，白天有短有长，月亮有缺有圆，永远处于变化之中。

【解说】

《虚实》是一篇妙语连珠的佳作，主要论述在作战指导上必须“避实而击虚”，“因敌而制胜”，调动敌人而不被敌人所调动，主动灵活地争取战争的胜利。

（一）争取主动，避免被动

孙子提出“致人而不致于人”，这句话是本篇的主旨。所谓“致人”，就是调动敌人，所谓“不致于人”，就是不被敌人所调动。他认为，指挥作战要争取主动，避免被动，这是战争指导上的重要原则。“致人而不致于人”这一名言历来受到兵学家的重视。《李卫公问对》说，古代兵法千章万句，最重要的无过于“致人而不致于人”。2000多年前的孙子，能看到主动权在战争中的重要性，并提出若干宝贵的争取和造成主动、避免和摆脱被动的原则和方法，无疑是十分可贵的。

主动地位的取得不能靠空想，而是通过主观能动性的发挥去努力争取。本篇首先指出，在未战之前，要“先处战地而待敌”，先敌完成作战部署，以逸待劳。他所谓的“逸”，就是先敌准备、先敌休整、先敌部署，这样便能居于有利地位，从容作战。

军事斗争的最高艺术，莫过于能调动敌人而不被敌人所调动。然而，敌人的指挥官也是有头脑的活人，采取一厢情愿、强加于人的办法，敌人是不会接受的。善于“投其所好”，方能调动敌人就我所范。我军在过去的革命战争中采用的“牵牛战术”，就是个调动和疲惫敌人的战法。解放战争初期，蒋介石集中兵力，重点进攻我山东、陕北根据地，企图“伸开双拳”，首先歼灭我华东和西北野战军，然后再转击我晋冀鲁豫野战军。针对敌人这一作战意图，毛泽东将计就计，一面电令我华东野战军在胶东摆开与敌人抗争的态势，以积极的行动将敌人的“右拳”诱向渤海之滨；一面率领我西北野战军，主动出击榆林，将敌人的“左拳”继续向西北方向拉。蒋介石以为双拳齐挥，击中了我的要害，结果却造成自己“胸膛垂露”。这时，我刘邓大军乘机千里跃进大别山，像一把利剑插入敌人的胸膛，扭转了全国战局——迫使蒋介石由战略进攻转入战略防御。

（二）集中兵力，避实击虚

虚实这对范畴指的是，军队作战所处的两种基本态势——力弱势虚和力强势实之间的辩证关系。孙子十分重视对虚实这对范畴的研究和运用。

他说：“夫兵形象水，水之形，避高而趋下；兵之形，避实而击虚。”意思是，用兵的法则像流动的水一样，水流动起来是避开高处而流向低处，用兵的法则是避开敌人防守坚实的地方而攻击其空虚薄弱的部位。

但是，有时敌人却很强大、坚实，那又怎样谈得上避实击虚呢？这就要发挥将帅的主观能动性，想方设法，创造条件，变强敌为弱敌，以达到避实击虚的目的。孙子说："能使敌人自至者，利之也；能使敌人不得至者，害之也。故敌佚能劳之，饱能饥之，安能动之。"这主要是讲强弱转化问题。意思是，用"利"和"害"调动敌人，使它由主动转化为被动，由"佚"(逸)转化为"劳"，由"饱"转化为"饥"，由"安"转化为"动"。这样，就使敌人由强转化为弱，这是避强击弱的先决条件。

在作战对象和攻击方向的选择上，要拣弱敌打，以强击弱。孙子说："出其所不趋，趋其所不意。行千里而不劳者，行于无人之地也。攻而必胜者，攻其所不守也；守而必固者，守其所不攻也。""进而不可御者，冲其虚也。"这些论述的意思都是说要善于发现和抓住敌人的弱点，以己之实，击敌之虚。例如，公元前632年，晋文公率晋、齐、秦军救宋，与围宋的楚军在城濮（今山东鄄城西南）决战时，就是采取避实击虚的战法打败楚军的。战斗开始时，晋军为了避免与楚的中军主力决战，令其下军把驾车的马蒙上虎皮，首先向楚右军进攻。楚右军是由其盟军陈、蔡军队组成的，战斗力最弱，遭到这一出其不意的打击，立即溃败。晋上军主将狐毛为了诱歼战斗力较弱的楚左军，接战后故意竖起两面大旗引车佯退，下军主将栾枝也令阵后的战车拖着树枝扬起尘土伪装败逃。楚军统帅子玉不知是计，下令追击。晋军元帅原轸指挥中军主力乘机横击楚军，晋上军也回军夹击，楚左军大部被歼。子玉急忙下令撤退，才保全了中军逃回楚地。

在兵力运用上要以多胜少。孙子提出了"我专而敌分"的原则。在战斗中，我众敌寡，我十敌一，我实敌虚，于是在进攻作战时，就可迫使敌人变主动为被动；我则变被动为主动。所以孙子说："吾所与战之地不可知，不可知，则敌所备者多。"尽管敌人居于防御的地位，但由于不知我主攻方向，不知我进攻目标（"与战之地"），因而分兵把口，处处设防，"无不备者无不寡"，于是丧失主动权，以致最后失败。

集中兵力，避实击虚，没有巧妙的伪装和欺骗是不可能实现的。为了荫蔽自己兵力的集中和主要进攻方向，孙子把伪装与欺骗看成是争取作战主动权不可分割的一部分。伪装和欺骗，孙子称之为“示形”，他说：“形人而我无形。”意思是用示形的办法欺骗敌人，诱使其暴露企图，而自己不露形迹，使敌捉摸不定。当时的“示形”主要是利用天然遮障，设置假目标和实施佯动或牵制性的进攻之类来迷惑敌人，荫蔽自己的战斗配置、兵力数量和作战行动。

利用“示形”不让防守之敌察明我方的主攻方向、攻击目标、兵力多寡等等，只要严守秘密，善于荫蔽是不难实现的。那么，实行进攻作战的我方，又如何察明敌人的防御计划、防御部署、地形条件呢？这是一个问题的两个方面。孙子不仅全面地考虑到了，而且提出了高明的侦察方法。他说：“故策之而知得失之计，作之而知动静之理，形之而知死生之地，角之而知有余不足之处。”这里所说的“策之”、“作之”、“形之”、“角之”，都是明察敌人实力的具体方法。即通过战术计算以了解敌人作战计划的优劣，通过挑动敌人以分析敌人的活动规律，通过示形佯动以掌握敌人地形道路的情况，通过战斗侦察以察明敌人兵力部署的强弱。当敌我情况都掌握以后，就为定下作战决心提供了客观根据，从而保障在战斗中牢牢地掌握主动权，最后赢得胜利。这是孙子在吸取前人经验的基础上提出的侦察方法。

（三）敌变我变，因敌制胜

孙子说：“因形而错胜于众，众不能知；人皆知我所以胜之形，而莫知吾所以制胜之形。故其战胜不复，而应形于无穷。”把根据敌情变化灵活运用战法而取得的胜利摆在众人面前，人们也看不出来；人们都知道我取胜的一般战法，但不知道我是怎样根据敌情变化灵活运用这些战法而取胜的。每次战胜敌人，都不是重复老一套，而是适应着敌情发展，不断变换自己手中的战术方略。

古希腊哲学家赫拉克利特有句名言：“人不能两次踏入同一条河流。”意思是说，河水在不停地流动，当人们第二次踏入这条河流时，接触到的已经不是原来的水流，而是变化了的新的水流。

智者所见略同，中国的孙子运用和古希腊的赫拉克利特相同的观点，把战争看成是“液态”的“流动体”，而不是“凝结着的固体”，并因此提出了“兵无常势，水无常形”的哲理。他说：“水因地而制流，兵因敌而制胜”，“能因敌变化而取胜者，谓之神”。斗转星移，四时更替，一切客观事物都在发展变化之中。战场上的情况更是经常变化的，不能墨守成规，只能根据敌情的变化，采取相应的对策，才能取得胜利。

军争篇第七

【原文】

孙子曰：凡用兵之法，将受命于君，合军聚众[1]，交和而舍[2]，莫难于军争[3]。军争之难者，以迂为直，以患为利[4]。故迂其途，而诱之以利，后人发，先人至，此知迂直之计者也[5]。

故军争为利，军争为危[6]。举军而争利，则不及[7]；委军而争利，则辎重捐[8]。是故卷甲而趋，日夜不处[9]，倍道兼行[10]，百里而争利，则擒三将军[11]，劲者先[12]，疲者后，其法十一而至[13]；五十里而争利，则蹶上将军[14]，其法半至；三十里而争利，则三分之二至。是故军无辎重则亡，无粮食则亡，无委积则亡[15]。

故不知诸侯之谋者，不能豫交[16]；不知山林、险阻[17]、沮泽之形者[18]，不能行军；不用乡导者[19]，不能得地利。

故兵以诈立[20]，以利动[21]，以分合为变者也[22]。

故其疾如风[23]，其徐如林[24]，侵掠如火[25]，不动如山[26]，难知如阴[27]，动如雷震[28]。

掠乡分众[29]，廓地分利[30]，悬权而动[31]。

先知迂直之计者胜，此军争之法也。

《军政》[32]曰："言不相闻，故为金鼓；视不相见，故为旌旗。"夫金鼓旌旗者，所以一人之耳目也[33]；人既专一，则勇者不得独进，怯者不得独退，此用众之法也。故夜战多火鼓，昼战多旌旗，所以变人之耳目也[34]。

故三军可夺气[35]，将军可夺心[36]。是故朝气锐，昼气惰，暮气归[37]。故善用兵者，避其锐气，击其惰归[38]，此治气者也[39]。以治待乱，以静待哗[40]，此治心者也。以近待远，以佚待劳，以饱待饥，此治力者也。无邀正正之旗[41]，勿击堂堂之陈[42]，此治变者也。

故用兵之法，高陵勿向[43]，背丘勿逆[44]，佯北勿从[45]，锐卒勿攻，饵兵勿食[46]，归师勿遏[47]，围师必阙[48]，穷寇勿迫[49]，此用兵之法也。

【注释】

①合军聚众：指聚集民众，组成军队。

②交和而舍：指两军营垒对峙的意思。和，“和门”，即军门；舍，驻扎。曹操注：“军门为和门，左右门为旗门，以车为营曰辕门，以人为营曰人门，两军相对为交和。”

③莫难于军争：行军作战以夺取有利的制胜条件为最难。军争，两军争夺有利的制胜条件。

④以迂为直，以患为利：指通过看起来迂远曲折的途径而达到近直的目的，化不利为有利。迂，迂远、曲折；患，祸患、不利。

⑤后人发，先人至，此知迂直之计者也：比敌人后出动，而先于敌人到达战地，这就算是懂得“以迂为直”的计谋了。汉简《孙子兵法》作“……至者，知汙直之计者也”。汙迂皆从于声，可通假。曹操注：“后人发，先人至者，明于度数，先知远近之计也。”此句亦有“者”字。

⑥军争为利，军争为危：是说军争有其有利的一面，也有其危险的一面。两个“为”均作“有”字解。

⑦举军而争利，则不及：全军带着所有的装备、辎重去争利，就不能及时到达预定的地域。举军，全军带着所有的装备、辎重行动。不及，赶不到预定战地。

⑧委军而争利，则辎重捐：委，抛弃，丢下。捐，损失。丢弃辎重轻装前进去争利，辎重就难免损失。

⑨日夜不处。处，停止，休息。白天晚上都不休息。

⑩倍道兼行：指以加倍的行程昼夜不停地连续行军。倍道，加倍行程的意思；兼行，昼夜不停地连续行军。

⑪擒三将军：擒，被敌所擒。三将军，泛指统率上、中、下三军将领。三军将领可能被俘，即全军覆没的意思。

⑫劲者：健壮的士卒。

⑬十一而至：指部队因疲劳而大部掉队，仅有十分之一的人到达。

⑭蹶上将军：蹶（jué），挫败；上将军，前军的将领。指前军将领可能遭受挫败。

⑮委积：指物资储备。

⑯豫交：豫，通“与”，参与的意思。指与诸侯结交。

⑰险阻：指山水险要阻隔的地形。

⑱沮（jǔ）泽：指沼泽地带。

⑲乡导：即向导，给军队带路的人。

⑳以诈立：以诡诈办法诱骗敌人而取得成功。

㉑以利动：根据是否有利而采取适当行动。

㉒以分合为变：分，分散兵力。合，集中兵力。指作战时兵力的分散或集中，应根据情况变化而变化。

㉓其疾如风：疾，快速。指军队行动快速如风。

㉔其徐如林：徐，缓慢。指军队行动缓慢时，犹如严整的森林。

㉕侵掠如火：侵掠，指袭击、进攻。进攻敌人时，像燎原烈火，猛不可挡。《左传》庄公二十九年：“凡师（战）有钟鼓曰伐，无曰侵，轻曰袭。”

㉖不动如山：指部队驻守时，像山岳一样，不可动摇。

㉗难知如阴：荫蔽时，就像阴云遮天看不到日月星辰那样。

㉘动如雷震：行动起来，犹如万钧雷霆。

㉙掠乡分众：乡，古代地方行政组织。此句一说指掠取敌“乡”（地方）的粮食、资财，要分兵数路。另一说是奇取敌之资财，要分出一部分奖励部下。

㉚廓地分利：廓，开拓的意思。此句一说指开拓疆土，应分别利害，择要据守。另一说，开拓土地，分与有功者。

㉛悬权而动：指权衡敌我形势，相机而动。

㉜《军政》：古兵书。

㉝夫金鼓旌旗者，所以一人之耳目也：金鼓、旌旗的作用是统一军人的耳目。金鼓，古代战争中用来指挥作战的工具。金、铜铎，闻铎即止。鼓，战鼓，闻鼓即进。

㉞变人之耳目：变，适应。指根据白天和黑夜的不同情况来变换指挥信号，以适应士卒的视听能力。

㉟夺气：夺，这里指打击、挫伤。挫伤士气。

㊱夺心：指动摇将军的决心。《吴子·治兵》："用兵之害，犹豫最大，三军之灾，生于狐疑。"古人用兵时，很重视扰乱和动摇敌将的决心。

㊲朝气锐，昼气惰，暮气归：指军队初战时，士气旺盛，锐不可当；经过一段时间以后，由于力量的损耗，士气逐渐怠惰；到了后期，士气衰竭，将士思归。

㊳避其锐气，击其惰归：即避开敌军锐气，等到敌军怠惰疲惫，士气沮丧时予以攻击。

㊴治气：这里作掌握士气讲。

㊵以静待哗：哗，喧哗、嘈杂。用自己的镇静，对待敌人的喧哗。

㊶无邀正正之旗：邀，迎击、截击的意思。指不要迎击旗帜整齐、部署周密的敌人。

㊷勿击堂堂之陈：陈（zhèn），古"阵"字。指不要攻击实力雄厚、阵容严整的敌人。

㊸高陵勿向：陵，山陵；向，指仰攻。对占领高地的敌人，不要去仰攻它。

㊹背丘勿逆：背，背靠、倚靠；逆，这里是迎击的意思。即敌人背靠高地，不可正面攻击。

㊺佯北勿从：佯，假装；北，败北，即失败。此句指敌人假装败走，不要跟踪追击，以防遭敌伏击。

㊻饵兵：饵，钓鱼用的鱼食。诱兵，即诱敌就范的小部队。

㊼归师勿遏：遏，阻止、拦阻。指对正向其本国撤退的敌军，不要去拦阻它。

㊽围师必阙：阙，通"缺"。指包围敌军时要留缺口。汉简《孙子兵法》为："围师遗阙。"

㊾穷寇勿迫：对陷入绝境的敌人，不要过分地逼迫它。

【译文】

凡是用兵的规律，将帅受领国君的命令，从组织人民群众编成军队，到开赴前线与敌对阵，这中间最困难的事情莫过于与敌人争夺有利的制胜条件了。争夺有利的制胜条件最难的地方，又在于如何通过迂远曲折的途径达到近直的目的，化不利为有利。所以故意迂回绕道，并用小利引诱迟滞敌人，这样就能做到比敌人后出动而先到达必争的要地，这就是懂得以迂为直的计谋的。

所以军争是有利的，也是有危险的。全军带着所有辎重去争利，就会行动迟缓而赶不上；放下辎重去争利，辎重就会损失，因此，卷甲急进，日夜不息，以加倍的行程连续行军，走上50公里的路程去与敌争利，三军将领都可能被擒，身体健壮的士卒先到了，体弱疲倦的掉了队，其结果可能只有十分之一的兵力赶到；走上25公里的路程去争利，先头部队的将领就可能遭受挫败，其结果部队也只有半数赶到；走上15公里的路程去争利，部队也只有三分之二赶到。所以，军队没有辎重就会失败，没有粮食就不能生存，没有物资储备就无法坚持作战。

所以，不了解列国诸侯的谋略，不能与其结交；不熟悉山林、险阻、沼泽等地形的，不能行军；不使用向导的，不能得地利。

用兵打仗要奇诈多变才能获得成功，根据是否有利采取行动，分散或集中使用兵力，随情况而变。

所以军队行动快速时，像狂风骤至；行动缓慢时，像严整的森林；进攻敌人时，像迅猛的烈火；驻守时，像山岳一样屹立不动；荫蔽时，像阴天看不见日月星辰那样；动作起来，像雷霆万钧。

夺取敌“乡”的粮食、资财，要分兵数路，开拓疆土，要分守要地，权衡形势，相机而动。

事先懂得以迂为直的计谋的就能胜利。这就是军争的原则。

《军政》说：“用语言指挥听不到，所以使用金鼓；用动作指挥看不清，所以使用旌旗。”金鼓旌旗都是用来统一军队作战行动的；军队行动既然统一了，那么勇敢的将士就不得单独前进，怯懦的也不得单独后退，这就是指挥人数众多的军队的方法。所以夜间作战要多使用火光和鼓声，白天作战要多使用旌旗，之所以变换这些信号，都是为了适应士卒的视听能力。

对于敌人的军队，可以挫伤它的士气，对于敌人的将领，可以动摇他的决心。军队初战的时候，士气比较旺盛，经过一段时间之后，就逐渐怠惰，到了后期，士卒就会气竭思归。所以善于用兵的人，要避开敌人的锐气，等到敌人松懈疲惫时才去打它，这是掌握军队士气的方法。以我军的严整来对待敌人的混乱，以我军的镇静来对待敌人的哗恐，这是掌握军心的方法。以我军的靠近战场来对待敌人长途跋涉，以我军的从容休整来对待敌人的奔走疲劳，以我军的粮足食饱来对待敌人的粮尽人饥，这是掌握军力的方法。不去迎击旗帜整齐、部署周密的敌人，不去攻击阵容严整、实力雄厚的敌军，这是掌握因敌而变的方法。

所以，用兵的法则：敌人占领高地，不要去仰攻；敌人背靠高地，不要从正面攻击；敌人假装败退不要跟踪追击；敌军锐气正盛，不要去进攻；敌人以“饵兵”诱我，不要去理睬；正在撤退回国的敌人，不要去拦阻；包围敌人，要留个缺口；对陷入绝境的敌人，不要急于追迫它。这些，都是用兵应当掌握的原则。

【解说】

本篇主要论述如何先敌争取制胜条件，取得有利的作战地位问题，比较系统地论述了军争的意义、军争的利弊、军争的原则和方法，并提出了“避其锐气，击其惰归”的著名军事原则。

（一）军争的意义

两军争利争胜的问题，其中心思想是力争掌握战场的主动权。孙子认为在作战过程中，如何先敌占领战场要地和掌握有利战机，是两军相争中最重要最困难的问题。为了争取有利的地位，他认为，必须懂得“以迂为直，以患为利”的原则，正确处理“迂”和“直”，“患”和“利”的辩证关系，达到“后人发，先人至”的目的。

这里着重讲一下“以迂为直”的原则。关于“以患为利”的原则，即关于“患”和“利”的辩证关系，我们将在下一篇——《九变》中讲。

关于“以迂为直”的原则，孙子说：“故迂其途，而诱之以利，后人发，先人至，此知迂直之计者也。”故意迂回绕道，并用小利引诱迟滞敌人，就能做到比敌人后出动而先到达双方必争的军事要地。这就叫懂得了“以迂为直”的计谋。

直径近，曲路远，这是普通常识。但是，在两军相争的战场上，远和近既是一定的空间概念，又和具体的时间概念相连。部队运动距离远，花费时间长；运动距离近，花费时间短。然而，兵无地不强，地无兵不险。远和近一旦与对方兵力部署的虚和实相结合，矛盾的双方就会各向其相反的方面转化：远而虚者，易进易行，机动快，费时少，成了实际上的近；近而实者，难进难行，机动慢，费时多，成了实际上的远。

军事对抗的双方，都在设法阻碍和破坏对方的计划和行动。因此，任何军队要达到自己的目的，都必须作迂回运动，在敌人的思维判断中造成“折射”幻觉，而不能直来直去地行动，使对方一眼看清你的虚实企图。

（二）军争的利弊

孙子认识到军争有利和有害的两个方面，指出“军争为利，军争为危”。就是军争是有利的，也是有危险的，军争中不能只见“利”，不见“害”。孙子对当时军队强行军的特点作了具体的描述：如果全军携带全部军需物资去同敌人争夺先机之利，就不能先敌占领有利地域；如果舍弃全部军需物资去同敌人争夺先机之利，那么后果就更坏。根据孙子的估算，如果强行军 50 公里，不仅三军将领会被俘，而且部队因疲乏劳顿、行列杂乱、不成阵形，只有十分之一的部队能按时到达指定位置。如果强行军 25 公里去同敌人争利，前军就会受挫，只有一半的部队能到达。如果强行军 15 公里去争利，只有三分之二的部队能到达。不仅如此，由于全部军需物资的损失，势必造成部队不能坚持作战，甚至不能生存。

“举军而争利”与“委军而争利”都是危道，“百里而争利”、“五十里而争利”、“三十里而争利”都非善策，那么，是不是不要去同敌人争先机之利呢？孙子显然不是这样的用意。他认为：军争既有有利的一面，也有不利的一面，关键是要趋利避害，不能盲目地争，而要“悬权而动”，“知诸侯之谋”，“知山林、险阻、沮泽之形”，还要善于“用乡导”等。

为了正确把握军争的利弊关系，孙子提出了一条著名的军事原则：“避其锐气，击其惰归。”即避开敌军锐气，等到敌军怠惰疲惫、士气沮丧时予以攻击。例如，公元前684年，齐国进攻鲁国，战于长勺。鲁庄公起初不待齐军疲惫，就要擂鼓出战，被曹刿劝止。等到齐军击鼓三次进攻受挫时，曹刿说可以反击了。于是，鲁国军队发起反击，打败了齐军。事后，鲁庄公问曹刿打败齐军的道理，曹刿说：“夫战，勇气也。一鼓作气，再而衰，三而竭。彼竭我盈，故克之。”

（三）军争的原则和方法

孙子提出了“兵以诈立，以利动，以分合为变”的争夺战机的指导原则。就是用兵打仗要奇诈多变才能获得成功，要根据是否有利采取行动，分散或集中使用兵力，要随情况而变。有利可夺时，行军速度“其疾如风”；无利可夺时，行军速度“其徐如林”。进攻时，“侵掠如火”；防御时，“不动如山”。荫蔽时如阴云蔽日，冲锋时如雷动风举。

军队在接敌过程中，重要的是方阵队形变换的指挥问题。兵力的集中与分散，所谓“以分合为变”，其指挥信号是火鼓和旌旗。孙子在这里提到了夜战，他主张“夜战多火鼓，昼战多旌旗”以变人耳目，“勇者不得独进，怯者不得独退”，就是作战要统一号令，统一行动。夜战正是春秋末年出现的作战样式。例如前525年的吴楚长岸（今安徽当涂博望山）之战，吴军夜袭楚军获胜（《左传》昭公十七年)。又如前 478 年的吴越笠泽(今江苏吴江县北)之战，越军乘夜重创吴军。

孙子还看到精神因素的好坏、体力状况的强弱和作战部署的优劣，在战机问题上占着举足轻重的地位。为此，他提出了“四治战法”：治气、治心、治力、治变。就是争取有利的态势(包括士气、心理、体力、地形等各方面的有利条件)。具体方法就是避开敌人的锐气，等到敌人松懈疲惫了再去打它；以自己的严整来对待敌人的混乱；以自己的镇静来对待敌人的哗恐；以自己的靠近战场来对待敌人长途跋涉；以自己的从容休整来对待敌人的奔走疲劳，以自己的粮足食饱来对待敌人的粮尽人饥。不去迎击旗帜整齐、部署周密敌人；不去攻击阵容严整、实力雄厚的敌人。

在战机问题上，孙子提出了用兵应掌握的八条原则，也叫“用兵八戒”。即“高陵勿向，背丘勿逆，佯北勿从，锐卒勿攻，饵兵勿食，归师勿遏，围师必阙，穷寇勿迫”，而且两次提到这是“用兵之法”，不可违背。这八法的后三法，我们在前面已经指出，它提出了过于机械的原则。

九变[1]篇第八

【原文】

孙子曰：凡用兵之法，将受命于君，合军聚众。圮地无舍[2]，衢地交合[3]，绝地无留[4]，围地则谋[5]，死地则战[6]。

涂有所不由[7]，军有所不击[8]，城有所不攻[9]，地有所不争，君命有所不受[10]。

故将通于九变之地利者，知用兵矣；将不通于九变之利者，虽知地形，不能得地之利矣。治兵不知九变之术，虽知五利[11]，不能得人之用矣。

是故智者之虑，必杂于利害[12]。杂于利，而务可信也[13]；杂于害，而患可解也[14]。

是故屈诸侯者以害，役诸侯者以业，趋诸侯者以利[15]。

故用兵之法，无恃其不来[16]，恃吾有以待也；无恃其不攻，恃吾有所不可攻也。

故将有五危：必死，可杀也[17]；必生，可虏也[18]；忿速，可侮也[19]；廉洁，可辱也[20]；爱民，可烦也[21]。凡此五者，将之过也，用兵之灾也。覆军杀将[22]，必以五危，不可不察也。

【注释】

①九变：机变行事，灵活多变地运用原则。对“九变”历来说法不一：有的认为，九者，数之极，变者，正之偶，九变即多变；有的认为，九变，是指本篇“圮地无舍”至“地有所不争”等九事；有的则认为，九变应是《军争》中的“高陵勿向，背丘勿逆，佯北勿从，锐卒勿攻，饵兵勿食，归师勿遏，围师必阙，穷寇勿迫”和本篇的“绝地无留”等九事，由于错简而分开了，但根据汉简《孙子兵法》“高陵勿向”

等句确为《军争》篇末简文，故此说似无根据。

②圮地：难于通行的地区。圮（pǐ），毁坏的意思。《九地》：“行山林、险阻、沮泽，凡难行之道者，为圮地。”

③衢地：四通八达的地区。衢（qú），四通八达。《九地》：“诸侯之地三属，先至而得天下之众者，为衢地。”

④绝地：指交通困难，又无水草粮食，难于生存的地区。《九地》：“去国越境而师者，绝地也。”也是“绝地”的一种。

⑤围地：指地形四面险阻，出入通路狭窄的地区。《九地》：“所由入者隘，所从归者迂，彼寡可以击吾之众者，为围地。”又说：“背固前隘者，围地也。”

⑥死地：指前不得进，后不得退，非死战就难以生存的地区。《九地》：“疾战则存，不疾战则亡者，为死地。”又说：“无所往者，死地也。”

⑦涂有所不由：涂，通“途”，道路。有的道路不要通过。

⑧军有所不击：有的敌军不要攻击。汉简《孙子兵法》佚文：“军之所不击者，曰：两军交和而舍，计吾力足以破其军，獾其将。远计之，有奇势……如此者，军虽可击，弗击也。”

⑨城有所不攻：有的城寨不要攻占。汉简《孙子兵法》佚文：“城之所不攻者，曰：计吾力足以拔之，拔之而不及利于前，得之而后弗能守。……及于前，利得而城自降，利不得而不为害于后。若此者，城虽可攻，弗攻也。”

⑩君命有所不受：国君的命令有时也不能机械地执行；汉简《孙子兵法》佚文：“君令有所不行者，君令有反此四变（指以上涂有所不由等）者，则弗行也。”

⑪五利：指“圮地无舍，衢地交合，绝地无留，围地则谋，死地则战”。另一说：指“涂有所不由，军有所不击，城有所不攻，地有所不争，君命有所不受”。但其中“君命有所不受”不属于地形的范围。

⑫杂于利害：杂，搀杂，这里引申为“兼顾”。曹操注：“在利思害，在害思利。”考虑到有利有害两个方面。

⑬杂于利，而务可信：务，事的意思；信，通“伸”（shēn），伸行、发展的意思。在有利情况下考虑到不利方面，事情便可以顺利

进行。

⑭杂于害，而患可解：在不利情况下，考虑到有利的方面，祸患就可以解除。

⑮趋：归附、依附。《荀子·议兵》："故近者歌讴而乐之，远者竭蹶而趋之。"这里的"趋"，也是归附的意思。

⑯恃：依靠。

⑰必死，可杀：指勇而无谋，只知死拼，可能被敌杀害。

⑱必生，可虏：虏，俘虏。临阵畏怯，贪生怕死，可能被敌俘虏。

⑲忿速，可侮：忿（fèn），忿怒。指将帅性格忿激而急于求成，就可能被敌人的侮辱所激怒，因而急躁贸进，招致失败。

⑳廉洁，可辱：廉洁，这里指廉洁好名，过于自尊。廉洁本来是一种好的品德，但是过于追求廉洁的好名声，就可能因敌人所散布的流言蜚语而感到羞辱，以致不顾利害得失，但求一战而雪耻，舍身以殉名，这也是很危险的。

㉑爱民，可烦：爱民也是将帅的一种好品德，是将帅五德（智、信、仁、勇、严）中仁的具体表现。但将帅的仁，应该是一种"大仁"，即是从大局出发，以取得战争的胜利为最大的仁，最大的爱民。为此不惜付出必要的牺牲为代价，而不应念念于小的爱民和不忍，即所谓"妇人之仁"。那样会被敌人的一些暴行所烦扰，以致顾此失彼，忙于应付，甚或被敌所诱，还可能由于不忍牺牲局部而危及整个全局。

㉒覆军杀将：军队覆灭，将帅被杀。

【译文】

孙子说：凡是用兵的法则，主将受领国君的命令，征集兵员编成军队，在"圮地"上不要驻止，在"衢地"上应结交诸侯，在"绝地"上不可停留，遇到"围地"要巧出奇谋，陷入"死地"就要殊死奋战。

有的道路不宜通过，有的敌军不宜攻击，有的城邑不宜攻占，有的地方不宜争夺，不合乎上述"九变"的，即使是国君的命令，也可以不执行。

所以，将帅能通晓九变好处的，就懂得用兵了，将帅不通晓九变好处的，虽然知道地形情况，也不能得地利。指挥军队而不知道各种机变的方法，虽然知道“五利”，也不能充分发挥军队的战斗力。

所以，明智的将帅考虑问题，总是兼顾到利和害两个方面。在有利情况下考虑到不利的方面，事情就可以顺利进行；在不利情况下考虑到有利的方面，祸患就可以避免。

能使诸侯屈服的，是用诸侯最害怕的事情去威胁它；能役使诸侯的，是用危险的事情去困扰它；能使诸侯归附的，是用利益去引诱它。

所以用兵的法则，不要寄希望于敌人不来打，而要依靠自己严阵以待，充分准备；不要寄希望于敌人不来进攻，而要依靠自己有使敌人无法攻破的充足力量和办法。

将帅有五种致命弱点：有勇无谋，只知死拼，就可能被敌诱杀；临阵畏怯，贪生怕死，就可能被敌俘虏；急躁易怒，一触即跳，就可能受敌凌辱而妄动；廉洁而爱好名声，过于自尊，就可能被敌侮辱而失去理智；溺爱民众，就可能被敌烦扰而陷于被动。这五点是将帅易犯的过失，是用兵的灾害。军队的覆灭、将帅的被杀，都是由于这五种致命弱点造成的，这是做将帅的人不可不充分注意的。

【解说】

本篇主要论述根据情况灵活运用原则的问题，强调考虑问题要兼顾利害两个方面，提出了有备无患的备战思想。

（一）灵活运用原则

“九变”之“九”是实指还是虚指，历来注家有不同意见，这在注释中已有介绍和说明。

孙子认为，指挥作战要随机应变，反对墨守成规。贾林、王皙认为：自“圮地无舍”至“地有所不争”九条就是“九变”的内容，指的是九种战场情况（主要是地形）的机断处置。而“君命有所不受”是针对以上九条所作的结语，“虽君命使之舍、留、攻、争，亦不受也”，所以这一条“不在常变”之列中。

用汉墓竹书对照，看来贾林、王皙的看法是对的。竹书佚文说：“君令有所不行者，君令有反此四变者，则弗行也。”这里虽然说君令不行是以“反此四变”为前提，也就是以“途有所不由，军有所不击，城有所不攻，地有所不争”为前提，不是说的“反此九变”为前提，但是它却告诉我们，“君命有所不受”不是如同前列九条独立作为“变法”提出的，而是以前列诸条为前提所作的结语。

由于军队越境千里，在异域（别的诸侯国）作战，地形复杂，情况多变，通讯联络不便，因此孙子才提出“九变”，为将争“权”。这一思想与他在《谋攻》中批评国君为患于军的三种情况的精神是一致的，都是为将帅争取社会地位，争取发挥才智的客观条件。

将帅“君命有所不受”，既可以对以上九条机断处置，主要是“得地之利”——取得地形条件对战争的辅助之功；又可以给将帅提供施展韬略的机会，“得人之用”。“得地之利”与“得人之用”，孙子在这里把人与物、主观与客观的关系辩证地统一了起来。

（二）趋利避害，防患未然

“智者之虑，必杂于利害”，是孙子在本篇中所表达的又一个重要思想。他要求将帅必须克服性格上的弱点，做到全面地看问题，在有利的形势下要看到不利的方面，在不利条件下要看到有利的方面，这样才能趋利避害，防患未然。他说：“智者之虑，必杂于利害。杂于利，而务可信也；杂于害，而患可解也。”就是说明智的将帅考虑问题，总是兼顾到利与害两个方面。在有利的情况下想到不利的一面，事情就可以顺利进行；在不利的情况下想到有利的一面，祸患就可以解除。因此，对于敌人，要尽量造成和扩大敌人的困难，使其变利为害，变小害为大害。办法是：“屈诸侯者以害，役诸侯者以业，趋诸侯者以利。”对于自己，则要防患于未然，有备无患，所谓“无恃其不来，恃吾有以待也；无恃其不攻，恃吾有所不可攻也”。强调任何时候都不要把希望寄托在敌人“不来”、“不攻”上面，而要充分准备，使敌人无机可乘，无懈可击。

趋利避害，是决策者选择手段时所必须把握的基本原则。然而，战争中各种矛盾环环相扣，敌我力量在犬牙交错的态势中相互制约，致使利害相杂，利害相连。例如进攻战斗中，凡便于我展开兵力的方向，也往往是敌人的重点把守之处；凡便于我接敌运动的路线，也常常是敌人的设伏布障区；凡便于我观察和发扬火力的地形，也是敌人注意防范之所在。相反，凡自然条件不利于我运动、冲击、发扬火力，则敌人也可能疏于戒备。所以，在局势未明之时，我应有从害中求利的设想，有应付两种可能的打算。

军事上的被动形式，也会包含着主动因素。有计划地让出部分土地，以换取行动上的主动权；故意付出某些牺牲，以麻痹敌人；放弃眼前的局部小利益，以争得全局的大利益，等等，都是以患为利之举。

公元200年，曹操与袁绍相持于官渡（今河南中牟东北）。曹操因兵少粮缺，士卒疲惫，后方不稳，处境困难，打算退保许昌。谋士荀彧认为：我以“十分居一之众”的劣势兵力，阻击袁军达半年之久，眼下袁绍的力量已经衰竭，局面必将发生变化，这正是出奇制胜的大好时机。曹操采纳了荀彧的意见，决心坚持危局，加强防守，乘隙破敌。不久，曹操乌巢焚粮，一举打乱袁绍的阵脚。随后又乘胜反攻，赢得了官渡之战的胜利。这是从己患认识敌患，持重待机，转患为利。

孙子关于有备无患的观点是积极的，有价值的，具有重要的现实意义。以现代国防科技之进步，即使是洲际导弹，也不过数十分钟就可射到数千公里外的目标，因此现代战争已无平时战时之分，故要随时提高警惕，居安思危。

行军篇第九

【原文】

孙子曰：凡处军相敌[1]：绝山依谷[2]，视生处高，战隆无登[3]，此处山之军也。绝水必远水[4]；客绝水而来，勿迎之于水内，令半济而击之[5]，利；欲战者，无附于水而迎客；视生处高，无迎水流[6]，此处水上之军也。绝斥泽，惟亟去无留[7]；若交军于斥泽之中，必依水草而背众树[8]，此处斥泽之军也。平陆处易[9]，而右背高[10]，前死后生[11]，此处平陆之军也。凡此四军之利[12]，黄帝[13]之所以胜四帝也[14]。

凡军好高而恶下[15]，贵阳而贱阴[16]，养生而处实[17]，军无百疾，是谓必胜。丘陵堤防，必处其阳，而右背之。此兵之利，地之助也。

上雨，水沫至[18]，欲涉者，待其定也。

凡地有绝涧、天井、天牢、天罗、天陷、天隙[19]，必亟去之，勿近也。吾远之，敌近之；吾迎之，敌背之。

军行有险阻、潢井、葭苇[20]、山林、翳荟者[21]，必谨覆索之，此伏奸之所处也[22]。

敌近而静者，恃其险也；远而挑战者，欲人之进也；其所居易者，利也[23]。

众树动者，来也；众草多障者，疑也[24]；鸟起者，伏也；兽骇者，覆也[25]；尘高而锐者，车来也；卑而广者，徒来也[26]；散而条达者，樵采也；少而往来者，营军也[27]。

辞卑而益备者，进也[28]；辞强而进驱者，退也[29]；轻车先出居其侧者，陈也；无约而请和者，谋也；奔走而陈兵车者，期也；半进半退者，诱也。

杖而立者，饥也；汲而先饮者，渴也；见利而不进者，劳也；鸟集者，虚也；夜呼者，恐也；军扰者，将不重也；旌旗动者，乱也；吏怒者，倦也；粟马肉食[30]，军无悬缻[31]，不返其舍者，穷寇也；谆谆翕翕[32]，徐与人言者，失众也；数赏者，窘也[33]；数罚者，困也[34]；先暴而后畏其众者[35]，不精之至也；来委谢者，欲休息也。兵怒而相迎，久而不合，又不相去，必谨察之。

兵非益多也[36]，惟无武进[37]，足以并力、料敌、取人而已[38]。夫惟无虑而易敌者，必擒于人[39]。

卒未亲附而罚之，则不服[40]，不服则难用也。卒已亲附而罚不行，则不可用也。故令之以文，齐之以武[41]，是谓必取。令素行以教其民，则民服；令不素行以教其民，则民不服。令素行者，与众相得也。

【注释】

①处军相敌：处，处置、部署。相敌，指观察判断敌情。相，观察。指行军作战中军队在各种地形上的处置要领。

②绝山依谷：绝，横渡、穿越，这里是通过的意思。指行军通过山地，要靠近有水草的谷地。

③战隆无登：隆，高地。登，攀登。敌人占据高地，不宜从正面去仰攻它。

④绝水必远水：绝水，横渡江河。远水，远离江河。要在离河水稍远的地方驻扎，以引敌军半渡而击之。

⑤半济而击之：乘敌军部分已渡、部分未渡的时候予以攻击。这时敌首尾不接，行列混乱，攻击比较有利。

⑥视生处高，勿迎水流：迎，逆。是说不要让敌人居上游，我军居下游。这是为了预防敌军决水灌我。

⑦绝斥泽，惟亟去无留：斥，盐碱地带。泽，沼泽。是说只有赶快离开它为好。

⑧背众树：背，背靠、依靠。背靠树林的意思。

⑨平陆处易：平陆，平原地带；易，平坦。在平原地带驻军，要选择地势平坦、便于车战的地方设营。

⑩右背高：右，上，古时以右为上。一说，以背靠高地为上。另一说，指右翼要依靠高处。

⑪前死后生：前低后高。死，这里是低的意思；生，这里是高的意思。《淮南子·地形训》："高者为生，下者为死。"

⑫四军：指上述山、水、斥泽、平陆四种地形条件下的处军原则。

⑬黄帝：即轩辕，相传为部落联盟首领。《史记·五帝本纪》："黄帝者，少典之子，姓公孙，名曰轩辕。"

⑭胜四帝：指战胜四方部族首领。汉简《孙子兵法》佚文中记载："（黄帝南伐赤帝）……东伐（青）帝，……北伐黑帝，……西伐白帝，……已胜四帝，大有天下。"

⑮好高而恶下：好（hào），喜爱；恶（wù）厌恶。喜欢高处而厌恶低下的地方。

⑯贵阳而贱阴：贵，重视。阳，向阳干燥的地方。贱，轻视。阴，背阴潮湿的地方。重视向阳干燥的地方而轻视潮湿背阴的地方。

⑰养生而处实：养生，指物产丰富，便于生活的地方；实，坚实，这里指地势高的地方。军队要驻扎在便于生活和地势较高的地方。

⑱上雨，水沫至：上，指上游。上游下暴雨，草木碎沫顺水漂来。汉简《孙子兵法》作："上雨水，水流至。""沫"字疑为"流"字之形误。

⑲绝涧、天井、天牢、天罗、天陷、天隙：绝涧，指两岸峭壁，水流其间的地形。涧，两山间的流水。天井，指四周高峻，中间低洼的地形。天牢，指山险环绕，易进难出的地带。天罗，指荆棘丛生，难于通过的地带。天陷，指地势低洼、泥泞易陷的地带。天隙，指两山之间狭窄的谷地。曹操注："山深水大者为绝涧，四方高中央低为天井，深山所过若蒙笼者为天牢，可以罗绝人者为天罗，地形陷者为天陷。山涧道迫狭、地形深数尺长数丈者为天隙。"

⑳潢井、葭苇：潢（huáng）井，低洼地；葭（jiā）苇，芦苇。指长满芦苇的低洼地带。

㉑山林、蘙荟：指草木长得很繁茂的山林地带。蘙荟（yì huì）草木长得很茂盛。

㉒必谨覆索之，此伏奸之所处也：覆，反复。索，寻找，搜索。伏奸，埋伏敌人，陷藏奸细。必须仔细、反复搜索，这些是埋伏敌军，隐藏奸细的地方。

㉓其所居易者，利也：指敌军之所以不居险要而居平地，定有它的好处和用意。

㉔众草多障者，疑也：在杂草丛生的地方设有许多遮蔽物，是敌人企图迷惑我。

㉕兽骇者，覆也：见到兽类惊骇猛跑，定是敌军大举来袭。覆，覆盖。曹操注："敌广陈张翼，来覆我也。"

㉖卑而广者，徒来也：卑，位置低下；徒，步卒。飞尘低而宽广的是敌人步卒开来。

㉗少而往来者，营军也：指飞扬的尘土少而时起时落的，是敌军察看地形、准备安营扎寨。

㉘辞卑而益备者，进也：辞，同"词"，即言词。益，更加。指敌人派来的使者言词谦卑，而实际上却加紧备战，要向我进攻。

㉙辞强而进驱者，退也：指敌人派来的使者言词强硬，并在行动上摆出进逼的架势，这往往是撤退的征兆。

㉚粟马肉食：指敌军用粮食喂战马，杀牲口吃。

㉛军无悬缻：指军队收拾炊具。（fǒu）同"缶"，汲水的瓦器，这里泛指炊具。

㉜谆谆翕翕：谆谆，叮咛；翕翕（xī），聚合。士卒聚集在一起低声议论。

㉝数赏者，窘也：敌军一再犒赏士卒，说明已没有办法。

㉞数罚者，困也：敌军一再处罚士卒，说明已陷入困境。

㉟先暴而后畏其众：指将帅先对士卒凶暴，后来又惧怕士卒。

㊱兵非益多：兵非越多越好。

㊲武进：恃勇轻进，即冒进的意思。

㊳并力、料敌、取人：并力，合力，这里指集中兵力；料敌，分析判断敌情；取人，指取胜于敌。

㊴无虑而易敌者，必擒于人：易，轻视。无深谋远虑而又轻视敌人的人，势必会成为敌人的俘虏。

㊵卒未亲附而罚之，则不服：将领在士卒还未亲近依附于他时，就处罚士卒，士卒就一定不服。亲附，亲近依附。

㊶令之以文，齐之以武：文，这里指政治、道义；武，这里指军纪、军法。这句是说，用政治、道义来教育士卒，用军纪、军法来统一步调。

【译文】

孙子说：凡军队行军作战和观察判断敌情，应该注意：在通过山地时要靠近有水草的谷地；驻止时，要选择“生地”，居高向阳；如果敌人占据高地，不要仰攻。这些是在山地行军作战的处置原则。横渡江河，要在离江河稍远的地方驻扎；如果敌军渡河前来进攻，不要在江河中迎击，而要乘它部分已渡、部分未渡半渡时予以攻击，这样比较有利；如果要与敌军交战，那就不要靠近江河迎击它；在江河地带驻扎，也要居高向阳，切勿在敌军下游低凹地驻扎或布阵。这些是在江河地带行军作战的处置原则。通过盐碱沼泽地带，要迅速离开，不宜停留；如在盐碱沼泽地带与敌军遭遇，那就要占领有水草而靠树林的地方。这些是在盐碱沼泽地带行军作战的处置原则。在平原地带驻军，要选择地势平坦的地方，最好背靠高处，前低后高。这些是平原地带行军作战的处置原则。以上四种“处军”原则的好处，是黄帝所以能够战胜“四帝”的重要原因。

大凡驻军，总是喜好干燥的高地而厌恶潮湿低洼的地方，要求向阳，回避阴湿，驻扎在便于生活和地势高的地方，将士就不至于发生各种疾病，这是军队致胜的一个重要条件。丘陵、堤防驻军，必须驻扎在向阳的一面，并且要背靠着它。这些对于用兵有利的措置是得自地形的辅助的。

河流上游下暴雨，看到水沫漂来，要等水势平稳以后再渡，以防山洪暴至。

凡是遇到“绝涧”、“天井”、“天牢”、“天罗”、“天陷”、“天隙”

等地形，必须迅速避开而不要靠近。我远离它，让敌军去接近它；我面向它，让敌军去背靠它。

军队在山川险阻、芦苇丛生的低洼地、草木繁茂的山林地区行动，必须仔细反复地搜索，因为这些都是容易隐藏伏兵和奸细的地方。

敌军离我很近而仍保持镇静的，是倚仗它据有险要的地形；敌军离我很远而又来挑战的，是企图诱我前进；敌军之所以不居险要而居平地，定有它的好处和用意。

树林里很多树木摇动的，是敌军向我袭来；在草丛中设有许多遮蔽物的，是敌人企图迷惑我；鸟儿突然飞起，是下面有伏兵；走兽受惊猛跑，是敌人大举来袭。飞尘高而尖的，是敌人战车向我开来；飞尘低而广的，是敌人步卒向我开来；飞尘分散而细长的，是敌人在打柴；飞尘少而时起时落的，是敌军察看地形，准备设营。

敌方使者言词谦卑而实际上又在加紧战备的，是要向我进攻；敌方使者言词强硬而军队又向我进逼的，是准备撤退；敌战车先出并占据侧翼的，是布列阵势，准备作战；敌方没有预先约定而突然来请求议和的，其中必有阴谋；敌方急速奔走并展开兵车的，是期求与我交战；敌军半进半退的，可能是伪装混乱来引诱我。

敌兵倚仗手中的兵器站立的，是饥饿缺粮；敌兵从井里打水而急于先饮的，是干渴缺水；敌人见利而不前进的，是由于疲劳过度。敌方营寨上有飞鸟停集的，说明营寨已空虚无人；敌营夜间有人惊呼的，说明敌军心里恐惧；敌营纷扰无秩序的，是其将帅没有威严；敌营旌旗乱动的，是其阵形混乱；敌官吏急躁易怒，是敌军过度困倦。敌人用粮食喂马，杀牲口吃，收起炊具，不返回营寨的，是“穷寇”；敌兵聚集一起私下低声议论，是其将领不得众心；再三犒赏士卒的，说明敌军已没有别的办法；一再重罚部属的，是敌军陷于困境；将帅先对士卒凶暴后又畏惧士卒的，说明其太不精明了；敌人借故派使者来谈判的，是想休兵息战。敌军盛怒前来，但久不接战，又不离去，必须谨慎观察其企图。

打仗不在于兵力愈多愈好，只要不轻敌贸进，并能集中兵力，判明敌情，也就足以战胜敌人了。那种无深谋远虑而又轻敌妄动的人，势必成为敌人的俘虏。

将帅在士卒尚未亲近依附时，就贸然处罚士卒，那士卒一定不服，这样就难以使用他们去打仗了；如果士卒对将帅已经亲近依附，仍不执行军纪军法，这样的军队也是不能打仗的。所以，要用“文”的手段即用政治道义教育士卒，用“武”的方法即用军纪军法来统一步调，这样的军队打起仗来就必定胜利。平素能认真执行命令、教育士卒，士卒就能养成服从的习惯；平素不认真执行命令、教育士卒，士卒就会养成不服从的习惯。平素所以能认真执行命令，是由于将帅与士卒相互取得信任的缘故。

【解说】

本篇主要论述行军作战的要领和观察判断敌情的方法，并提出了“令之以文，齐之以武”的治军思想。可扼要地归纳为“处军”、“相敌”和“治军”三个问题。

（一）军队在各种地形上行动的方法

本篇开宗明义就讲“处军、相敌”。关于“处军”，孙子首先讲了四种地形情况。

（1）关于山地行军、宿营和战斗。他说“绝山依谷”，通过山地必须沿着山谷行进。这是因为山谷地形比较平坦，水草便利，荫蔽条件好。这里说的是行军应注意的事项。而在宿营时则要“视生处高”。李筌注：“向阳曰生，在山曰高。”通俗地说，就是地形有利，例如视野开阔，易守难攻，干燥向阳，既险且要等。至于山地战的法则就是“战隆无登”。贾林注：“战宜乘下，不可迎高也。”山地作战，只宜居高临下地俯冲，不宜自下而上的仰攻。

（2）关于江河作战。孙子讲了五层意思，也就是五条原则：第一，“绝水必远水”，部队通过江河后必须迅速远离河流，目的是避免背水作战，退无所归。远离江河，既可以引诱敌人渡河，迫敌于背水之地，又可使自己进退不致受阻。第二，“客绝水而来，勿迎之于水内，令半济而击之，利”。“半济而击”，即乘敌军半数已渡，半数未渡之时发起攻击。这一江河作战的原则，古往今来许多战争实践所证明，是一条行之有效的原则。例如，公元前506年，吴军在柏举（今湖北麻城附近）击败楚军后，乘胜追击，于清发水（今湖北安陆西的涢水）追上楚军。吴王阖庐正要下令攻击时，其弟夫概认为：困兽犹斗，何况人呢！于是提出“半济而后可击”的建议。经阖庐同意，乘楚军部分已渡、部分未渡的混乱之际，发起攻击，大败楚军。之后，吴军连战皆捷，很快占领了楚都郢城（今湖北江陵北）。第三，“欲战者，无附于水而迎客”，这是江河作战的又一原则。它包含两层意思：如果我方决心迎战，那就要采取远离河川的配置，诱敌半渡而击；如果我方不准备迎战，那就阻水列阵，使敌不敢轻易强渡。公元前627年晋楚在泜水对峙就是前一种情形的写照。晋将阳处父派人对楚将子上说：楚军如果企图一决雌雄，那么我军后退15公里，让你们摆好阵势再开战。阳处父的这一条诱兵之计被楚军的孙伯识破了，看出这不过是“半涉而薄我”。由于晋楚双方都不敢渡河，因此皆不战而归国。第四，“视生处高”，张预注：“或岸边为阵，或水上泊舟，皆须面阳而居高。”第五，“无迎水流”，是说不要处于下游，防止敌军从上游或顺流而下，或决堤放水，或投放毒药。公元前525年的吴楚长岸（今安徽当涂）之战中，楚国令尹阳匄占卜战争的结果不吉利。司马子鱼说：“我得上游，何故不吉?”于是出战，果然大败吴军，夺得吴国巨型战船“余皇”。由此可见，水战占据上游，有地利的优势。

（3）盐碱沼泽地。在这种地形行军、作战对敌我都不利，既少水草，又无粮食，因而必须“亟去无留”，迅速通过，迅速脱离。一旦在这种地形同敌人遭遇，孙子要求“必依水草而背众树”。因为一方面可以借草木以为依托，另一方面在沼泽地中，凡是生长草木的地带，土质相对地说要坚硬一些，便于立足和通行，占据它就增加了主动权。

（4）平地作战。一要“处易，而右背高”——选择地势平坦之地以便于战车驰突，又以右翼依托高地，以便战场观察。二要“前死后生”。杜牧注：“死者，下也；生者，高也。”前低后高利于出击。我们认为仅仅局限于“高低”还不能说明“死”、“生”的全部涵义。它应当还包括荫蔽条件的好坏、险易程度的优劣、行进道路的方便程度等。

孙子还强调了宿营时要注意的事项：选择地势高而干燥卫生、水草丰美而又粮道便利的地方扎营。他认为很好地利用地形，是取胜的重要条件，所谓“此兵之利，地之助也”。他在讲了涨洪水时涉渡江河应注意观察水势之后，提出了“六害之地”：绝涧、天井、天牢、天罗、天陷、天隙。对于这六种断裂地形必须采取诱敌“近之”，我则“远之”；迫敌“背之”，我则“迎之”，以便聚而歼之。当部队行进于“险阻、潢井、葭苇、山林蘙荟”之地时，要严密搜索，防止敌人的侦察和间谍隐藏其内。

（二）观察判断敌情的方法

如何判断敌情，孙子在本篇总结了32条经验，也就是详细列举了32种现象，统称战场观察的“相敌”32法。自“敌近而静者，恃其险也”起四个自然段。大致可分为两种类型：一是依自然景象的特征和变化来观察和判断敌情；二是依据敌人行动来观察判断敌情。孙子“相敌”之法，是那个时代在白昼直接用视力在阵地前沿进行敌情观察的方法。这些通过各种征候以判断敌情的方法，虽然是古朴的、原始的，然而是生动的、具体的，它从一个侧面真实地反映了春秋时代的战争特点。下面，我们仅举两个战例加以说明。

“众树动者，来也”。曹操注：“斩伐树木，除道进来，故动。”不仅如此，当时树木还可以作为兵器和军械。例如晋楚城濮战前，晋军“伐其木以益其兵”（《左传》僖公二十八年），就是为了增加作战的器械。所以，树木摇动是敌人要到来的征候。

“旌旗动者，乱也”。曹刿在长勺之战就是根据齐军“辙乱旗靡”而建议发起追击的。

孙子所以不厌其烦地举数十种“相敌”的征候，目的就是告诫那些自以为兵强马壮而鲁莽从事的将领，“兵非益多也，惟无武进，足以并力、料敌、取人而已”。如果既不注意“处军”的原则，又不懂得“相敌”之法，而是“无虑而易敌”，那么必遭失败，“必擒于人”。

（三）管教军队的方法

在治军上，孙子提出要“令之以文，齐之以武”。他说：“卒未亲附而罚之，则不服，不服则难用也。”又说：“令素行以教其民，则民服；令不素行以教其民，则民不服。令素行者，与众相得也。”强调管教军队要文武并用，严格贯彻执行法则，做到内部团结，令行禁止，目的是为了在战场上“足以并力”，一致对敌。

军队领导干部以身作则，教导士卒，则士卒会心悦诚服，用之作战，众志成城，则能发挥战斗力。领导者本身不正，光要求士卒做这个做那个，士卒并不心服，如此用之作战，则可能失败。军事家鲁登道夫曾言：“军纪要上下一致遵守，才使军队有战斗力。”孔子也说：“其身正，不令而行；其身不正，虽令不行。”为将者，本身应严守军纪，以为部属榜样，如此才能“与众相得也”。

地形篇第十

【原文】

孙子曰：地形有通者[①]，有挂者，有支者，有隘者，有险者，有远者。我可以往，彼可以来，曰通；通形者[②]，先居高阳，利粮道，以战则利。可以往，难以返，曰挂；挂形者[③]，敌无备，出而胜之；敌若有备，出而不胜，难以返，不利。我出而不利，彼出而不利，曰支；支形者，敌虽利我，我无出也；引而去之，令敌半出而击之，利[④]。隘形者，我先居之，必盈之以待敌[⑤]；若敌先居之，盈而勿从，不盈而从之。险形者，我先居之，必居高阳以待敌[⑥]；若敌先居之，引而去之，勿从也。远形者，势均，难以挑战，战而不利[⑦]。凡此六者，地之道也；将之至任，不可不察也。

故兵有走者，有弛者，有陷者，有崩者，有乱者，有北者。凡此六者，非天之灾，将之过也。夫势均，以一击十，曰走[⑧]；卒强吏弱，曰弛[⑨]，吏强卒弱，曰陷[⑩]；大吏怒而不服[⑪]，遇敌怼而自战[⑫]，将不知其能，曰崩；将弱不严，教道不明，吏卒无常，陈兵纵横[⑬]，曰乱；将不能料敌，以少合众，以弱击强，兵无选锋[⑭]，曰北。凡此六者，败之道也；将之至任，不可不察也。

夫地形者，兵之助也。料敌制胜，计险厄远近[⑮]，上将之道也。知此而用战者必胜，不知此而用战者必败。

故战道必胜，主曰无战，必战可也；战道不胜，主曰必战，无战可也。故进不求名，退不避罪，唯人是保[⑯]，而利合于主[⑰]，国之宝也。

视卒如婴儿，故可与之赴深溪；视卒如爱子，故可与之俱死。厚而不能使[18]，爱而不能令[19]，乱而不能治，譬若骄子[20]，不可用也。

知吾卒之可以击，而不知敌之不可击，胜之半也；知敌之可击，而不知吾卒之不可以击，胜之半也；知敌之可击，知吾卒之可以击，而不知地形之不可以战，胜之半也。故知兵者，动而不迷[21]，举而不穷[22]。故曰：知彼知己，胜乃不殆；知天知地，胜乃不穷[23]。

【注释】

①地形：这里指地理形势。

②通形：指地形平坦，四通八达，我可以去，敌人也可以来的地形。

③挂形：指地形复杂，易进难退的地形。

④引而去之，令敌半出而击之，利：引，引导、率领。是说我引军离开，让敌人前出到一半的时候我再回击之，这样打有利。

⑤隘形者，我先居之，必盈之以待敌：隘，道路狭隘队伍展不开的地区。盈，充满。盈之，指在像瓶瓮的隘形地域，配备充足的兵力。这里指到隘路必须前出占领隘路口，先占之以待敌。

⑥险形者，我先居之，必居高阳以待敌：险形，即地形险要。遇到这种险要地形，我则应首先到达，占领制高要点等待敌人的到来。

⑦远形者，势均，难以挑战，战而不利：远形，即敌我相距较远。在这种距离较远的地区上，敌我双方的形势均等，就不宜挑战。如果求战，对我不利。

⑧势均，以一击十，曰走：指敌我条件相当，如以一击十，因而失败的，叫做“走”。

⑨卒强吏弱，曰弛：指士卒强悍，但将吏懦弱，不能统帅约束，致使军政废弛，因而失败的，叫做“弛”。

⑩吏强卒弱，曰陷：指将吏本领高强，但士卒怯弱，缺乏训练，因而失败的，叫做“陷”。

⑪大吏怒而不服：指小将（部将）怨怒，不服从指挥。曹操注：“大

吏，小将也。”

⑫怼（duì）：怨恨，这里含有意气用事的意思。

⑬陈兵纵横：指列队布阵，杂乱无章。陈，同“阵”。

⑭选锋：挑选勇敢善战的士卒组成的精锐部队。《尉缭子·战威》“武士不选，则众不强。”

⑮险厄：厄，险要之处。指地势的险易情况。

⑯唯人是保：人，指民众和士卒。为了民众和士卒得以保全。

⑰利合于主：主，国君。即符合国君的利益。

⑱厚而不能使：厚，厚养、优待。指对士卒只注重厚养而不能使用。

⑲爱而不能令：爱，溺爱；令，驱使、使用。指对士卒一味溺爱，而不能驱使他。

⑳骄子：娇生惯养的孩子，比喻不守纪律的官兵。

㉑动而不迷：行动起来不迷惑，含有不盲动的意思。

㉒举而不穷：举，措施。所采取的措施变化无穷，使敌人难以捉摸。

㉓胜乃不穷：《武经七书》此句为“胜乃可全”。

【译文】

孙子说：地形有通、挂、支、隘、险、远等六类。我们可以去，敌人可以来的地域叫做通；在通形地域，应抢先占据地势高而向阳的地方，并保持粮道畅通，这样与敌交战就有利。可以前进，不易返回的地域叫做挂；在挂形地域，敌军如无防备，就要突然出击战胜它；如果敌有防备，我出击不能取胜，就难以返回，于我不利。凡是我出击不利，敌出击也不利的地方，叫做支；在支形地区，敌人虽然以利诱我，也不要出击；最好是带领部队假装离去，诱使敌军前出一半时，我突然发起攻击，这样有利。在隘形地，我若先敌占据，就要用重兵堵塞隘口，等待敌人来攻；如果敌军已先我占据隘口，并以重兵据守，那就不要进击，若敌人没有用重兵据守隘口，就迅速攻取它。在险形地区，如我先敌占领，要占据地势高而向阳的地方待击敌人；如果敌人已先占领，那就主动撤退，不要进攻它。在远形地区，双方势均力敌，不宜挑战，勉强求战，于我不利。以上六点，是关于利用地形的原则；这是将帅的重要责任，是不可不认真考虑研究的。

军队失败的情况有走、弛、陷、崩、乱、北等六种。这六种情况，都不是由于天灾造成的，而是由于将帅的过失所致。在敌我条件相当的情况下，如果攻击十倍于我的敌人，因而失败的，叫做走。士卒强悍，将吏懦弱，因而失败的，叫做弛。将吏本领高强，士卒怯弱，因而失败的，叫做陷。部将怨怒而不服从指挥，遇到敌人忿然擅自出战，主将又不了解他的能力而加以控制，因而失败的，叫做崩。主将软弱而又缺乏威严，训练教育不明，吏卒无所遵循，布阵杂乱无章，因而失败的，叫做乱。主将不能正确判断敌情，以少击多，以弱击强，又没有精锐部队为骨干，因而失败的，叫做北。以上六种情况，必然导致军队的失败；这是将帅的重大责任，是不可不认真考虑研究的。

地形是用兵的辅助条件。正确判明敌情，制定取胜计划，研究地形的险易，计算道路的远近，这些都是将帅的职责。懂得这些道理去指导作战的，就必然胜利，不懂得这些道理去指挥作战的，就必然失败。

所以，如果根据战场实情确有必胜把握，即使国君命令不要打，也可以坚决地打；如果根据战场实情不能取胜，即使国君命令打，也可以不打。作为一个将帅，应该进不贪求战胜的功名，退不回避罪责，只求国家和军队得以保全，符合于国君的根本利益，这样的将帅才算是国家最宝贵的人才。

将帅对士卒能像对待婴儿一样体贴，士卒就可以跟随将帅赴汤蹈火；将帅对士卒能像对待自己的“爱子”一样，士卒就可以与将帅同生共死。但是，对士卒如果过分厚养而不能使用，一味溺爱而不能驱使，违犯了纪律也不能严肃处理，这样的军队，就好比“骄子”一样，也是不能用来打仗的。

只了解我军能打，而不了解敌军不可以打，取胜的可能性只有一半；只了解敌军可以打，而不了解我军不能打，取胜的可能性也只有一半；了解敌军可以打，也了解我军能打，而不了解地形条件不可以打，取胜的把握仍然只有一半。所以，真正懂得用兵的将帅，他行动起来，目的明确而不迷误，他所采取的措施变化无穷而不呆板。所以说：了解敌方，了解我方，就能必胜不败；了解天时，了解地利，胜利就不可穷尽了。

【解说】

本篇主要论述了利用地形的重要性，通过“地有六形”、“兵有六败”的分析，辩证地揭示了敌情与地形的相互关系，军队在不同地形条件下的行动原则，强调将帅要重视对地形的研究和利用。

（一）对六种地形的利用

孙子把地形分为六种，并通过分析六种地形，提出对地形利用的原则。

（1）通形，即通畅无阻的平原地形。这种地形，“我可以往，彼可以来”，无论军队沿道路（当时所谓阡陌交通）进行机动，还是越野机动，都有较好的交通运输条件。但是，由于视界开阔，难以荫蔽，孙子认为通形地区作战必须“先居高阳”，占领独立高地或小丘，瞰制四周，以便“利粮道”，保障运输补给。

（2）挂形，即“可以往，难以返”、山高坡陡的挂碍地形。孙子认为，位于挂形之军，因为凭险而踞，荫蔽良好，瞰制敌军有利，因此，如果能巧妙地发挥这一山地条件的特点，就可以收到出奇制胜的战果；如果运用不当，也会招致重大损失。

（3）支形，即便于敌对双方形成对峙相持的断绝地形。杜牧注：“支者，我与敌人各守高险，对垒而军，中有平地，狭而且长，出军则不能成陈，遇敌则自下御上，彼我之势，俱不利便。如此，则堂堂引去，伏卒待之；敌若蹑我，候其半出，发兵击之则利。若敌人先去以诱我，我不可出也。”他这一解释是符合孙子文意的。

（4）隘形，即通道狭窄的隘口。利于凭险防守，既可节省守兵，又可阻援疲敌。吴楚柏举之战中，吴军通过的楚国北部三关就是这样的隘口。孙子认为，如果敌人已派重兵封锁了隘口，就不要轻易发起进攻。从这里可以看出，孙子在讨论军事问题时，时时处处都表现出他的“全胜”思想，要求胜于易胜，而不主张打硬仗，拼消耗。

（5）险形，即形势险要的地形，所谓“一夫当关、万夫莫开”。孙子认为，“若敌先居之，引而去之，勿从也”。

（6）远形，指敌对双方相距较远的集结地域。这样的地形对于双方的进攻都不利，孙子称之为“势均”。“势均”，即双方势均力敌，“难以挑战，战而不利”。

以上六种地形，孙子认为，是“地之道也；将之至任，不可不察也”。就是说，以上六种地形的利用原则，做将帅的必须认真研究和考察。

（二）导致失败的六种情况和原因

孙子论述了军队导致失败的有“走”、“弛”、“陷”、“崩”、“乱”、“北”等六种情况，即所谓“兵有六败”，这主要是关于作战中的带兵问题和兵力使用问题。

“走”（败走），“势均，以一击十，曰走”。在敌我条件相当的条件下，如果攻击十倍于我的敌人，是必然要失败的。“弛”（领导软弱无能），“卒强吏弱，曰弛”。士兵军事素质好，战斗力强，但指挥官懦弱无能，领导不力，也会导致失败。“陷”（士卒战斗力低），“吏强卒弱，曰陷”。这条正好与上条相反，同样是导致失败的因素。“崩”与“乱”都是指将帅治军无方，统军无力，这也毫无疑问要失败。“北”（失败），“将不能料敌，以少合众，以弱击强，兵无选锋，曰北”。即将帅不能正确判断敌情，以少击多，以弱击强，又没有精锐部队为骨干，也会导致失败。

以上六种情况，孙子认为，是“败之道也；将之至任，不可不察也”。而招致这些失败的原因，“非天之灾，将之过也”，是由于将帅的指挥失当造成的。因此他强调将帅要深刻认识自己在战争过程中的重大责任，一切要以争取战争胜利为目的，只要合于新兴地主阶级的根本利益，就要“进不求名，退不避罪”，机断地行动。

（三）地形是用兵的辅助条件

孙子认为，地形在战争中具有重要的地位和作用，它是指挥员定下决心的一个重要依据。他说：“夫地形者，兵之助也。料敌制胜，计险厄远近，上将之道也。”这里强调地形是用兵的辅助条件。“料敌”就是判断敌情，制定取胜计划；“计险厄远近”就是研究地形的险易，计算道路的远近，这些都是将帅的职责。懂得这些并能用来指导作战的就必然胜利，不懂得这些，因而不能用来指导作战的就必然失败。

本篇最后说：“知彼知己，胜乃不殆；知天知地，胜乃不穷。”强调指导战争必须对敌情、我情、天时、地利等有全面正确的了解和判断，才能做到“动而不迷，举而不穷”。

九地篇第十一

【原文】

孙子曰：用兵之法，有散地，有轻地，有争地，有交地，有衢地，有重地，有圮地，有围地，有死地。诸侯自战其地，为散地①。入人之地而不深者，为轻地②。我得则利，彼得亦利者，为争地③。我可以往，彼可以来者，为交地④。诸侯之地三属⑤，先至而得天下之众者，为衢地。入人之地深，背城邑多者，为重地⑥。行山林、险阻、沮泽，凡难行之道者，为圮地。所由入者隘，所从归者迂，彼寡可以击吾之众者，为围地。疾战则存，不疾战则亡者，为死地。是故散地则无战，轻地则无止⑦，争地则无攻⑧，交地则无绝⑨，衢地则合交⑩，重地则掠⑪，圮地则行，围地则谋，死地则战⑫。

所谓古之善用兵者⑬，能使敌人前后不相及⑭，众寡不相恃⑮，贵贱不相救⑯，上下不相收，卒离而不集，兵合而不齐。合于利而动，不合于利而止。敢问："敌众整而将来，待之若何?"曰："先夺其所爱，则听矣⑰。"

兵之情主速⑱，乘人之不及，由不虞之道⑲，攻其所不戒也。

凡为客之道⑳：深入则专，主人不克㉑；掠于饶野，三军足食；谨养而勿劳㉒，并气积力㉓，运兵计谋，为不可测㉔。投之无所往㉕，死且不北㉖，死焉不得㉗，士人尽力。兵士甚陷则不惧，无所往则固㉘。深入则拘㉙，不得已则斗。是故其兵不修而戒㉚，不求而得，不约而亲，不令而信，禁祥去疑㉛，至死无所之。吾士无余财，非恶货也；无余命，非恶寿也㉜。令发之日，士卒坐者涕沾襟㉝，偃卧者涕交颐。投之无所往者，诸刿之勇也[34]。

故善用兵者，譬如率然[35]；率然者，常山之蛇也[36]。击其首则尾至，击其尾则首至，击其中则首尾俱至[37]。敢问："兵可使率然乎？"曰："可。"夫吴人与越人相恶也，当其同舟而济，遇风，其相救也如左右手。是故方马埋轮，未足恃也[38]；齐勇若一，政之道也[39]；刚柔皆得，地之理也[40]。故善用兵者，携手若使一人[41]，不得已也。

将军之事：静以幽，正以治[42]。能愚士卒之耳目，使之无知。易其事，革其谋[43]，使人无识；易其居，迂其途，使人不得虑。帅与之期，如登高而去其梯[44]；帅与之深入诸侯之地，而发其机，焚舟破釜[45]，若驱群羊，驱而往，驱而来，莫知所之。聚三军之众，投之于险，此谓将军之事也。九地之变，屈伸之利[46]，人情之理，不可不察。

凡为客之道：深则专，浅则散。去国越境而师者，绝地也[47]；四达者，衢地也；入深者，重地也；入浅者，轻地也；背固前隘者，围地也[48]；无所往者，死地也[49]。

是故散地，吾将一其志；轻地，吾将使之属；争地，吾将趋其后；交地，吾将谨其守；衢地，吾将固其结[50]；重地，吾将继其食；圮地，吾将进其涂；围地，吾将塞其阙[51]；死地，吾将示之以不活。

故兵之情，围则御，不得已则斗，过则从[52]。

是故不知诸侯之谋者，不能预交；不知山林、险阻、沮泽之形者，不能行军；不用乡导者，不能得地利。四五者，不知一，非霸王之兵也[53]。夫霸王之兵，伐大国，则其众不得聚[54]，威加于敌，则其交不得合。是故不争天下之交[55]，不养天下之权[56]，信己之私[57]，威加于敌，故其城可拔，其国可隳[58]。施无法之赏[59]，悬无政之令[60]，犯三军之众，若使一人。犯之以事，勿告以言；犯之以利，勿告以害[61]。

投之亡地然后存，陷之死地然后生[62]。夫众陷于害，然后能为胜败。

故为兵之事，在于顺详敌之意[63]，并敌一向，千里杀将，此谓巧能成事者也。

是故政举之日，夷关折符[64]，无通其使；厉于廊庙之上[65]，以诛其事。敌人开阖，必亟入之[66]。先其所爱，微与之期[67]。践墨随敌[68]，以决战事。是故始如处女，敌人开户，后如脱兔，敌不及拒。

【注释】

①散地：指诸侯在自己的领地内与敌作战，因战场离家近，士卒在危急时很容易逃散，故称“散地”。

②轻地：指军队在进入敌境不深的地区作战，离本国不远，士卒在危急时易于轻返，故称“轻地”。

③争地：谁先占领谁就占据有利的必争之要地。

④交地：我军可以往，敌军可以来，地势平坦，道路交错，交通方便的地区。

⑤三属：属（zhǔ），连接。指敌我和其他诸侯国连接的地区。

⑥重地：指入敌境已深，越过很多敌国城邑的地区。

⑦无止：止，停留。不要停留。

⑧争地则无攻：双方必争的要害地区，应先敌占领，若敌人已先占领，则不宜强攻。

⑨交地则无绝：绝，断绝。在“交地”要注意军队部署能互相策应确保联系，不可断绝，以防敌人截击。

⑩衢地则合交：在“衢地”要同相邻诸侯国加强外交活动，结交诸侯。

⑪重地则掠：军队进入“重地”要征掠敌国的粮秣，保障自己部队的供给。

⑫死地则战：处于“疾战则存，不疾战则亡”的“死地”，就应激励士卒殊死战斗，死中求生。

⑬所谓古之善用兵者：汉简《孙子兵法》此句为：“所胃古善战者。”

⑭相及：及，顾及。互相照顾。

⑮众寡不相恃：能使敌军的主力和小部队之间不能互相依靠和协同。

⑯贵贱不相救：能使敌军的官兵之间不能相救应。贵贱，古时指地位高贵和地位低微的人，这里指将官与士卒。

⑰先夺其所爱，则听矣：爱，指敌人最关注、最重要的地方。指首先攻取敌人所必救的要害之处，敌人就会被迫听任我的摆布了。

⑱兵之情主速："兵贵神速"的意思。

⑲由不虞之道：虞，预料。这句是说，要走敌人不易料到的道路。

⑳为客之道：指进入敌境作战的原则。客，客军，即离开本国进入别国作战的军队。

㉑深入则专，主人不克：专，专心一意。主人，被进攻的国家或军队。克，战胜。指深入到敌国境内，士兵就会专心一致不敢逃亡，只好拼命作战，敌军抵御不住。

㉒谨养而勿劳：注意休整，不使部队过于疲劳。

㉓并气积力：提高士气，积蓄力量。

㉔为不可测：使敌人不可推测。汉简《孙子兵法》"测"作"贼"，两字音近相通。

㉕投之无所往：投，投放、投置。把部队投置于无路可走的绝境。

㉖死且不北：死也不会败退。

㉗死焉不得：指士卒死都不怕了，哪还有什么不可得呢？

㉘无所往则固：固，牢固，这里指军心稳定。别无去路时军心就稳固。

㉙深入则拘：拘，束缚，这里指人心专一而不涣散。深入到敌国之后，士卒就不会散漫了。

㉚是故其兵不修而戒：不修，即不用整顿、告诫。因此这样军队不用整顿而会自动戒备。

㉛禁祥去疑：祥，妖祥，这里指占卜等迷信活动。禁止迷信活动，消除疑虑和谣言。

㉜无余命，非恶寿：恶，厌恶；寿，寿命。指士卒不怕死，并不是不想活下去。

㉝涕沾襟：涕，眼泪；襟，衣襟。眼泪沾湿了衣襟。

㉞诸刿：诸，专诸，春秋时吴国的勇士。刿（guì），曹刿，又名曹沫，春秋时鲁国武士。

㉟率然：古代传说中的一种蛇。《神异经·西荒经》："西方山中有蛇，头尾差大，有色五彩。人物触之者，中头则尾至，中尾则头至，中腰则头尾并至，名曰率然。"

㊱常山：即恒山。汉简《孙子兵法》中作"恒山"。恒山在今山西浑源县东南，是五岳中的北岳。西汉时为避讳汉文帝刘恒的"恒"字，改为"常"。北周武帝时，又改称恒山。

㊲击其中则首尾俱至：打它的中部，头尾都来。汉简《孙子兵法》作："击其中身则首尾俱至。"

㊳方马埋轮，未足恃也：方，并列，指系在一起的意思。把马并排地系在一起，把车轮埋起来，想以此来稳定军队，是靠不住的。

㊴齐勇若一，政之道也：政，这里是治理、领导的意思。要使士卒一致奋勇作战，关键在于将帅领导得法、指挥正确。

㊵刚柔皆得，地之理也：要使强者和弱者都能发挥作用，在于适当地利用地形，使我军处于有利的态势。

㊶携手若使一人：携手、提挈。提挈三军，就像使用一人那样容易。

㊷静以幽，正以治：静，镇静，沉静。幽，深邃。正，严正，公正。治，治理，有条理。镇静以求深思，严正而有条理。

㊸易其事，革其谋：易，改变，变化。革，变更，更新。战法经常变化，计谋不断更新。

㊹帅与之期，如登高而去其梯：之，代词，指部属，军队。将帅授给部属的任务，要像叫人登高后抽去梯子那样，使他们能进而不能退。

㊺焚舟破釜：釜（fǔ），锅。即破釜沉舟，决一死战的意思。

㊻屈伸之利：伸，伸展；屈，曲、不伸展。根据情况，该屈则屈，该伸则伸，这样最为有利。

㊼去国越境而师者，绝地也：旧注认为，离开本国，跨越邻国，进入敌国作战的地区，叫做"绝地"。另说，"轻地"和"散地"之间为"绝地"。两说均不甚合理，且九地中无"绝地"，姑且从前一说。

㊽背固前隘者，围地也：前进困难，后退受阻、易被包围的地域叫围地。

㊾无所往者，死地也：无处可走，叫做死地。

㊿固其结：巩固与诸侯国的结盟。结，指结交诸侯。

51塞其阙：阙（quē），缺口。堵塞缺口，使士卒不得不拼死作战。

52过则从：过，指深陷危境的意思。深陷于十分危险的境地，就容易指挥。

53四五者，不知一，非霸王之兵：九地的利害，有一不知，就不是霸王的军队。四五者，曹操注："谓九地之利害。"霸王，即霸主，所谓诸侯之长。《史记·越王勾践世家》："越兵横行于江、淮，东诸侯毕贺，号称霸王。"一说，霸王，不作一个名词解释。霸王之兵，是指强大的军队。

54其众不得聚：指能使敌国军民来不及调动和集结。

55不争天下之交：不必争着和别的国家结交。

56不养天下之权：不要随便在别的国家培植自己的势力。

57信己之私：信，信从，这里指依靠；私，指自己的力量。依靠自己的力量，不必求助于他国。

58隳（huī）：通"毁"，毁坏，毁灭。

59施无法之赏：施行超出法定的奖赏，即所谓法外之赏。

60悬无政之令：悬，悬挂，这里指颁发。颁发打破常规的号令，即所谓政外之令。

61犯之以利，勿告以害：驱使士卒完成某项任务时，只告诉他们有利的一面，而不告诉其危险的一面。

62投之亡地然后存；陷之死地然后生：指把士卒投入危亡之地，然后可以保存；使士卒陷入死绝之地，然后可以得生。

63顺详敌之意：详，通"佯"。假装顺从敌人的意图。曹操注："彼欲进，设伏而退；欲去，开而击之。"

64夷关折符：符，古时用木、竹、铜等做成的牌子，上刻图文，分为两半，各执一半，作为凭证。即封锁关口，废除通行凭证。

65厉于廊庙之上：厉，磨砺，这里是反复计议的意思；廊庙，即庙堂。在庙堂上反复计议作战大事。

⑥⑥敌人开阖，必亟入之：阖（hé），门扇。开阖，打开门扇出现空隙。敌人一旦出现空隙，必须迅速乘虚而入。

⑥⑦先其所爱，微与之期：爱，珍爱，要害。微，无，不要。期，日期，指约期交战。首先夺取敌人的要害之处，不要与敌人约期会战。

⑥⑧践墨随敌：践，实行；墨，墨线，这里指既定计划。指实施计划时，要随着敌情的变化而不断加以改变。

【译文】

孙子说：按用兵的规律，战地可分为散地、轻地、争地、交地、衢地、重地、圮地、围地、死地等九类。诸侯在自己的领地上与敌作战，这样的地区叫做散地；进入敌境不深的地区，叫做轻地；我先占领对我有利，敌先占领对敌有利的地区，叫做争地；我军可以去，敌军可以来的地区，叫做交地；敌我和其他诸侯国接壤的地区，先到就可以结交诸侯国并取得多数支援的，叫做衢地；深入敌境，越过许多敌人城邑的地区，叫做重地；山林、险阻、沼泽等道路难行的地区，叫做圮地；进入的道路狭隘，退出的道路迂远，敌人以少数兵力能击败我众多兵力的地区，叫做围地；迅速奋战则能生存，不迅速奋战就会被消灭的地区，叫做死地。因此，在散地不宜作战；在轻地不可停留；遇争地应先敌占领，如敌人已先占领，不可强攻；在交地，军队部署应互相连接，防敌阻绝；在衢地则应结交邻国；在重地则应夺取物资，就地补给；在圮地则应迅速通过；陷入围地则应巧设奇谋；在死地要迅猛奋战，死里求生。

古时善于指挥打仗的人，能够使敌人前后部队无法相顾及，主力与小部队不能相依靠，官兵不能相救援，上下隔断，不能收拢，士卒溃散，不能聚集，即使聚集也很不整齐。即使在这样的条件下，也要坚持有利就行动，不利就停止的原则。试问：“如果敌军众多而且阵势齐整地向我进攻，该如何对付它呢？”回答是：“先夺取敌人的要害之处，这样，敌人就会被迫听任我的摆布了。”

用兵之理，贵在神速，乘敌人措手不及的时机，走敌人意料不到的道路，攻击敌人不加戒备的地方。

凡是进入敌国作战的原则：深入敌境则军心专一，敌军无法胜我；在富饶地区夺取粮秣，使全军得到充足的给养；注意保养士卒的体力，勿使疲劳，提高士气，积蓄力量；部署兵力，巧设计谋，使敌人无法揣测我之企图。把部队置于无路可走的境地，死也不会败退；既然士卒死都不怕，就会尽力作战了。士卒深陷危地，就无所畏惧；无路可走，军心就能稳固；深入敌国，军心就不会涣散；迫不得已就会拼死战斗。因此，这样的军队不待修整，都懂得戒备，不待鼓励，都会竭尽全力战斗，不待约束，都能亲近相助，不待申令，都会信守纪律。禁止迷信，消除部队的疑虑，即使战死也不退避。我军士卒舍弃多余的财物，并不是厌恶财物；不怕牺牲生命，并不是他们不想长寿。当作战命令下达的时候，士卒们坐着的泪水沾湿了衣襟，躺着的则泪流面颊。把军队置于无路可走的绝境，就会像专诸、曹刿那样的勇敢了。

所以，善于用兵打仗的人，能使部队像“率然”一样。所谓“率然”，乃是常山的一种蛇，打它的头，尾巴就来救应，打它的尾，头就来救应，打它的中部，头尾都来救应。试问：“可以使军队像率然一样吗?”回答是：“可以。”吴国人与越国人虽然互相仇视，可是，当他们同船渡河时，如遇大风，也能互相救援，犹如一个人的左右手一样。因此，想用系住马匹、埋起车轮的办法来稳定军队，那是靠不住的。要使全军齐心奋勇，在于组织指挥得法；要使强弱都能各尽其力，在于恰当地利用地形。所以，善于用兵的人，提挈三军就像使用一人那样容易，这是由于把士卒置于不得已的境地而造成的。

统率军队这种事情，要镇静以求深思，严正而有条理。能蒙蔽士卒的耳目，使他们对军事计划毫无所知；战法经常变化，计谋不断更新，使人们不能识破；驻军常改变驻地，进军迂回绕道，使人们无法推断行动意图。将帅赋予军队任务，要像登高而抽去梯子一样，使他们有进无退。率领军队深入诸侯国土，要像击发弩机射出箭一样，使其一往直前。烧掉船只，砸烂军锅，表示必死决心；像驱赶羊群一样，赶过去，赶过来，使他们不知道到底要到哪里去。聚集全军士卒，投置于危险的境地，使他们拼死奋战，这便是将军的责任。根据不同地区采取不同的行动方针，适应情况，伸缩进退，掌握士卒在不同情况下的心理状态。这些，都是将帅不能不认真考察和仔细研究的。

深入敌国作战的规律是：进入敌境越深，士卒就越专心一致，进入得浅，士卒就容易逃散。离开本国，越过邻国进入敌国作战的地区，叫做绝地；四通八达的地区叫衢地；进人敌境深的地区叫重地；进入敌境浅的地区叫轻地；后险前狭的地区叫围地；无处可走的地区叫死地。

因此，在散地，我就要使军队专心一致；在轻地，我就要使部队相连接；遇争地，就要迅速前出到它的后面；逢交地，我就要谨慎防守；在衢地，就要巩固与诸侯国的结盟；入重地，就要保证军队粮食的不断供应；经圮地，就要迅速通过；陷入围地，就要堵塞缺口；到了死地，就要显示死战的决心。

士卒的心理状态，被包围就会协力抵御，迫不得已就会拼死战斗，陷于危险的境地，就会听从指挥。

不了解列国诸侯计谋的，不能与他们结交；不熟悉山林、险阻、沼泽等地形的，不能行军；不使用向导的，不能得地利。对于“九地”的利害，有一样不了解，就不能算是霸王的军队。霸王的军队，攻伐大国，可使其军民来不及动员、集聚；威力加在敌人头上，可使其无法与别国结交。因此，不必争着和别的诸侯国结交，也不必在别的诸侯国培植自己的权势，只要依靠自己的力量，把威力加之于敌，就可以拔取其城邑，毁灭其国家。施行超出法定的奖赏，颁发打破常规的号令，指挥全军之众如同使唤一个人一样。驱使士卒执行任务，而不告诉他们意图；只告知他们有利的一面，而不告诉他们有什么危害。

把士卒投入危地才能保存，使士卒陷入死地然后才能得生。士卒陷于危险的境地，然后才能力争胜利。

所以，指挥作战，在于假装顺从敌人意图，一旦有机可乘，便集中兵力指向敌人一点。这样，即使长驱千里，也可擒杀敌将。这就是所谓巧妙能成大事的意思。

因此，当决定战争行动的时候，就要封锁关口，销毁通行符证，停止与敌国的使节往来，在庙堂上反复计议，研究决定作战大计。一旦发现敌人有隙可乘，就要迅速乘机而入。首先要夺取敌人最关紧要的地方，而不要同敌人约期交战。实施计划要随着敌情的变化而不断加以改变，以求战争的胜利。所以，战争开始要像处女一样沉静，不露声色，使敌放松戒备，战争展开之后，要像脱兔一样迅速行动，使敌人来不及抵抗。

【解说】

本篇主要论述在九种不同作战地区的用兵原则，并阐述了“兵之情主速”、“并敌一向，千里杀将”等问题。

（一）根据不同情况，采取不同方法

孙子把军队远征所经之地，区分为散地、轻地、争地、交地、衢地、重地、圮地、围地、死地九种作战地区，强调要根据不同战区的特点及其对军队作战行动的影响，采取不同的处置方法。

（1）散地。孙子说：“诸侯自战其地，为散地。”就是诸侯在自己的领地内与敌作战，其士卒在危急时很容易逃散，故称散地。又说：“深则专，浅则散。”这里的“深”与“专”，都是进入敌国的距离。“专”与“散”就是部队的巩固或涣散。这是对军事心理学最原始的考察。意思是进入敌境越深，士卒就越专心一致，进入得浅，士卒就容易逃散。所以，孙子主张“散地则无战”，“一其志”，在这样的地区不宜作战，而使军队统一意志。

（2）轻地。孙子说：“入人之地而不深者，为轻地。”就是军队在进入敌境不深的地区作战，士卒离本土不远，危急时易于轻返，故称轻地。所以，孙子主张“轻地则无止”，“使之属”，在这样的

地区不可停留，而且要部队互相连接。

（3）争地。孙子说："我得则利，彼得亦利者，为争地。"就是谁先占领谁就有利的必争之要地。孙子主张"争地则无攻"，对于这样双方必争的要害地区，应先敌占领，若敌人已先占领，则不宜强攻。例如，公元前270年，秦攻赵，围阏与（今山西和顺县西北），赵王派赵奢为将救援。赵奢采纳了其部下许历"先据北山者胜，后至者败"的建议，派兵万人抢先占据了该山，秦军后至，攻山不得，赵奢乘机发起反击，秦军败退，遂解阏与之围。

（4）交地。孙子说："我可以往，彼可以来者，为交地。"就是地势平坦，道路交错，交通方便的地区。孙子主张"交地则无绝"，"谨其守"。在这样的地区作战，军队部署应互相连接，防敌阻绝，并且要谨慎防守。

（5）衢地。孙子说："诸侯之地三属，先至而得天下之众者，为衢地。"就是敌我和其他诸侯接壤的地区，先到就结交诸侯国并取得多数支援。孙子主张"衢地则合交"，"固其结"。在这样的地区应广泛结交邻国，巩固同诸侯国的结盟，争取他们的支援。孙子及历来的军事家都非常重视衢地在战争中的作用，这我们在前面的评述中已有论述。

（6）重地。孙子说："入人之地深，背城邑多者，为重地。"又说："入深者，重地也。"就是深入敌境，越过敌人许多城邑的地区。孙子主张"重地则掠"，"继其食"。在深入到敌方腹地作战，后方接济困难，必须"因粮于敌"，就地解决军队的补给问题，以保证军队粮食的不断供应。

（7）圮地。孙子说："行山林、险阻、沮泽，凡难行之道者，为圮地。"就是山林、险阻、沮泽等道路难行的地区。孙子主张"圮地则行"，"进其涂"。在这样的地区作战应迅速通过。

（8）围地。孙子说："所由入者隘，所从归者迂，彼寡可以击吾之众者，为围地。"就是进入的道路狭隘，退出的道路迂远，敌人以少数兵力能击败我众多兵力的地区。孙子主张"围地则谋"，"塞其阙”，陷入这样的地区则应巧设奇谋，并且要堵塞缺口，使得士卒不得不拼死作战。山地作战宜奇不宜正，宜轻不宜重，宜速不宜久，防者多用伏，攻者多施变，才是比较合乎实际的。

（9）死地。孙子说：“疾战则存，不疾战则亡者，为死地。”就是迅速奋战则能生存，不迅速奋战就会被消灭的地区。孙子主张“死地则战”，“示之以不活”，在这样的地区应该激励士卒殊死战斗，死中求生。

（二）兵贵神速，隐蔽突然

时间在战争中是影响胜负的重要因素之一。孙子强调用兵要抢速度争时间。他说：“兵之情主速，乘人之不及，由不虞之道，攻其所不戒也。”就是乘敌人措手不及的时机，走敌意料不到的道路，攻击敌人不加戒备的地方，这样突然迅速地行动，就“能使敌人前后不相及，众寡不相恃，贵贱不相救，上下不相收，卒离而不集，兵合而不齐”。

大凡用兵作战，先发制人贵速，主动攻击贵速，捕捉战机贵速。在战略持久的内线作战中，进行战役战斗的进攻的外线作战，也贵在速战速决。迅雷不及掩耳，疾电不及瞬目。长久曝师于坚城之下，必然钝兵挫锐；进行速战速决，方能势如破竹。俄国著名的军事统帅苏沃洛夫把军队的迅速机动和闪电般的冲击，说成是真正的战争灵魂。“一分钟决定战斗结局，一小时决定战局胜负，一天决定帝国的命运”，就是这位军事人物站在他那个时代发出的豪言。

为了达到迅速突然的目的，孙子指出，首先是战前要秘密地决策，不使泄露，所谓“厉于廊庙之上，以诛其事”。为了保证军事机密不致外泄，一要“夷关折符”，封锁关口，销毁通行符证，不准本国之人出入国境，这样就避免了敌人间谍假窃符证，潜入侦探。二要“无通其使”，就是说，既要不接受敌人新派使臣来国，防其高明的间谍见微知著，察觉战略动向；也不允许敌国使臣回国，报告消息。不言而喻，为了保守秘密的需要，一切军事行动的准备工作都要荫蔽地进行，巧妙地伪装，以诱骗敌人丧失戒备，这就是他说的“始如处女，敌人开户，后如脱兔，敌不及拒”。

为了做到军事行动的迅速突然，孙子强调说：“故为兵之事，在于顺详敌之意，并敌一向，千里杀将，此谓巧能成事者也。”这就是说，指挥作战，在于假装顺从敌人意图，一旦有机可乘，便集中兵力指向敌人一点，这样，即使长驱千里，也可擒杀敌将，这就是所谓巧妙能成大事的意思。“顺详敌意”，先得知敌意。所以，在战争的智力竞赛中，指挥员应当时时考虑到敌人在想什么。为了顺敌意而又取信于敌，有时要以某种行动故意表现给敌人看，造成敌人判断错误——以为我是真的上当受骗而误入陷阱。

（三）沉着指挥，有条不紊

孙子说：“将军之事，静以幽，正以治。能愚士卒之耳目，使之无知。易其事，革其谋，使人无识；易其居，迂其途，使人不得虑。”就是统帅军队，要沉着冷静，幽深莫测，严肃认真而有条不紊。能蒙蔽士卒耳目，使他们对军事计划毫无所知；改变任务，变更计谋，使人们不能识破；驻军常改变驻地，进军迂回绕道，使人们无法推断行动意图。给军队赋予任务要“如登高而去其梯”，率领军队进入他国作战，要“发其机，焚舟破釜，若驱群羊，驱而往，驱而来，莫知所之”。所以“善用兵者，携手若使一人”。

必须指出，新兴地主阶级作为一个剥削阶级，它与民众之间存在着不可调和的矛盾，因而在其军队内部，也存在着根本的利害冲突。将帅由于害怕士卒逃散，不敢在本国境内作战，也不敢在入人之地不深的“轻地”作战，而主张到深入敌国腹地的“重地”去作战；为了驱使士卒为其拼死，他们极力主张采用“投之亡地然后存，陷之死地然后生”、“登高而去其梯”等手段；实行愚兵政策，诸如“能愚士卒之耳目，使之无知”，“犯之以利，勿告以害”等等，这些都是必须剔除的封建性的糟粕。

火攻篇第十二

【原文】

孙子曰：凡火攻有五：一曰火人[①]，二曰火积[②]，三曰火辎[③]，四曰火库[④]，五曰火队[⑤]。行火必有因[⑥]，烟火必素具[⑦]。发火有时，起火有日。时者，天之燥也；日者，月在箕、壁、翼、轸也。凡此四宿者[⑧]，风起之日也。

凡火攻，必因五火之变而应之[⑨]。火发于内，则早应之于外。火发兵静者，待而勿攻[⑩]，极其火力[⑪]，可从而从之，不可从而止。火可发于外，无待于内[⑫]，以时发之[⑬]。火发上风，无攻下风。昼风久，夜风止。凡军必知有五火之变，以数守之[⑭]。

故以火佐攻者明，以水佐攻者强。水可以绝，不可以夺。

夫战胜攻取，而不修其功者凶[⑮]，命曰费留[⑯]。故曰：明主虑之，良将修之[⑰]。非利不动，非得不用[⑱]，非危不战。主不可以怒而兴师[⑲]，将不可以愠而致战[⑳]；合于利而动，不合于利而止[㉑]。怒可以复喜，愠可以复悦；亡国不可以复存，死者不可以复生。故明君慎之，良将警之，此安国全军之道也。

【注释】

①火人：火，用作动词，烧，下同。人，人马。焚烧敌军人马、营寨。

②火积：焚烧敌军的粮秣积聚。

③火辎：辎，辎重。焚烧敌人辎重。

④火库：库，仓库。焚烧敌军的物资仓库。

⑤火队：队（suì），通“隧”，道路的意思，这里是指运输设施。焚烧敌人运输设施。

⑥行火必有因：因，条件。指在实施火攻时，必须具备一定的条

件，如天气干燥，顺风，有易燃物，或有内应等。

⑦烟火必素具：烟火，指发火器材；素具，经常有准备。发火器材必须经常准备好。

⑧四宿：指28宿中箕、壁、翼、轸4个星宿。古代天文学者认为月亮运行到这4个星宿位置时多风。

⑨必因五火之变而应之：五火，五种火攻的方法；应，策应。必须根据五种火攻所引起的情况变化，适时地运用兵力策应。

⑩火发兵静者，待而勿攻：火已烧起，而敌军仍能保持安静不动的，要等待，不要贸然进攻。汉简《孙子兵法》此句作："火发其兵静而勿攻。"

⑪极其火力：让火势烧到最旺的时候。

⑫无待于内：无，不必。内，内应。不必等待内应。汉简《孙子兵法》作："毋待于内。"

⑬时：适当的时机。

⑭以数守之：数，指前面所说的"发火有时，起火有日"等火攻条件。等候具备火攻的条件。

⑮不修其功者凶：修，修治，引申为巩固；凶，祸，这里是危险的意思。不能巩固胜利成果是危险的。

⑯费留：留，通"流"。白费的意思。曹操注："若水之留（流），不复还也。"一说指打了胜仗而不及时论功行赏，叫做费留。

⑰良将修之：修，有研究的意思。优秀的将帅必须研究这个问题。汉简《孙子兵法》作："良将随之。"

⑱非得不用：得，指得胜、取胜；用，指用兵。不能取胜，就不用兵。

⑲主不可以怒而兴师：国君不可以因一时的愤怒而兴兵打仗。汉简《孙子兵法》作："主不可以怒兴军。"

⑳将不可以愠而致战：将帅不可以凭一时的怨愤而与敌交战。

㉑合于利而动，不合于利而止：合，符合。符合国家利益就行动，不符合国家利益就停止。汉简《孙子兵法》作："合乎利而用，不合而止。"

【译文】

孙子说：火攻有五种目标：一是焚烧敌军的人马，二是焚烧敌军的粮草积聚，三是焚烧敌军的辎重，四是焚烧敌军的仓库，五是焚烧敌军的运输设施。实施火攻必须具备一定的条件，发火器材必须经常准备好。发火还要选择有利的时候，起火要选准有利的日期。所谓有利的时候，指的是天气干燥；所谓有利的日期，指月亮运行到“箕”、“壁”、“翼”、“轸”4个星宿的位置，凡是月亮运行到这4个星宿位置时，就是起风的日子。

凡用火攻，必须根据上述五种火攻所造成的情况变化，适时地运用兵力加以策应。从敌人内部放火，就要及早派兵从外面策应。火已烧起，而敌军仍能保持镇静的，要观察等待，不要马上进攻，等火势烧到最旺的时候，视情况可以进攻就进攻，不可以进攻就停止。火也可以从外面放，那就不必等待内应，只要时机和条件成熟就可以放火。火发于上风，不可从下风进攻。白天风刮久了，夜晚风就会停止。军队必须懂得五种火攻方法的变化运用，等候具备条件，然后实施火攻。

用火来辅助进攻的，明显地容易取胜；用水来辅助进攻的，攻势可以加强。水可以断绝敌人的联系，却不能烧毁敌人的蓄积。

凡打了胜仗，攻取了土地、城池，而不能够巩固胜利，是危险的，这就叫做“费留”。因此明智的国君一定要慎重地考虑这个问题，优秀的将帅必须认真处理这个问题。不是对国家有利，就不要采取军事行动，没有取胜的把握，就不要随便用兵，不到危急紧迫之时，就不要轻易开战。国君不可凭一时的恼怒而兴兵打仗，将帅不可凭一时的怨愤而与敌交战。符合国家利益就行动，不符合国家利益就停止。恼怒可以重新欢喜，怨愤可以重新高兴，国亡了就不能再存，人死了不能再活。所以明智的国君对战争问题一定要慎重，良好的将帅对战争问题一定要警惕，这是安定国家和保全军队的关键！

【解说】

本篇主要论述火攻的种类、条件和实施方法，同时提出了“主不可以怒而兴师，将不可以愠而致战”的慎战思想。

（一）火攻的种类

火攻，顾名思义，就是以火攻敌。就是借助自然力量（火）辅助进攻。这一思想，是与当时火药还未发明，火器还未出现的历史条件相一致的。因此，对于“火攻”的任何超越时代的类比和夸大都是不恰当的。春秋时代典型的火攻战例并不很多。《春秋》鲁桓公七年（公元前705年）提到的“焚咸丘”，几乎可以看做是文献记载中最早的火攻战例。半个世纪后，火攻逐渐在战场上有所使用。例如公元前649年，戎狄等一度攻入周王室的京城，火烧王城的东门（《左传》僖公十一年）。《左传》僖公二十一年（公元前639年）提到“焚我郊保”（焚烧郊外的城堡）。

孙子把以火助攻概括为五类。一是“火人”。文中连用的五个“火”字，均用作动词。“火人”，直译就是火烧敌军有生力量。但是，当时既无以火药为燃料的燃烧性火器，更无管型火器或爆炸火器，显然是难以取得直接焚烧敌军官兵的效果的。因此，我们似应理解为它是指首先用火焚烧敌军营寨，然后投入主力，歼灭敌军。二是“火积”。军队无粮食，马匹无草料，毫无疑问，必遭失败。公元前479年，楚国叛臣石乞主张焚烧府库，另一叛臣白公胜就反对，他说：“焚库无积，将何以守？”（没有委积，还能用什么方法来防守呢？）三是“火辎”，即烧敌人辎重。四是“火库”，即烧敌仓库。五是“火队”，即烧敌粮道。

（二）火攻的条件和实施方法

火攻的条件就是天气干燥，风向适宜。一是做好发火器具的准备，“行火必有因，烟火必素具”。二是掌握发火的时机，“发火有时，起火有日”。孙子认为当月亮运行在箕、壁、翼、轸四个星宿时，便会起风。

关于火攻的方法，孙子主要讲的是里应外合的问题。里应，就是从敌人内部放火；外合，就是作战部队及时地、审慎地乘机发起攻击。用他的话说，就是“火发于内，则早应之于外”，“可从而从之，不可从而止”，“火发上风，无攻下风”。

孙子不但强调以火助攻，还提倡以水助攻。他说：“以火佐攻者明，以水佐攻者强。水可以绝，不可以夺。”根据具体情况充分利用这些自然力量。

本篇最后关于慎重对待战争的思想是很可贵的。这我们在《计篇》中已讲过。

用间篇第十三

【原文】

孙子曰：凡兴师十万，出征千里，百姓之费，公家之奉，日费千金；内外骚动[1]，怠于道路[2]，不得操事者，七十万家[3]。相守数年，以争一日之胜，而爱爵禄百金[4]，不知敌之情者，不仁之至也，非人之将也，非主之佐也，非胜之主也。故明君贤将，所以动而胜人[5]，成功出于众者，先知也。先知者，不可取于鬼神，不可象于事，不可验于度[6]，必取于人，知敌之情者也。

故用间有五：有因间，有内间，有反间，有死间，有生间。五间俱起，莫知其道，是谓神纪，人君之宝也[7]。因间者，因其乡人而用之[8]。内间者，因其官人而用之[9]。反间者，因其敌间而用之[10]。死间者，为诳事于外[11]，令吾间知之，而传于敌间也[12]。生间者，反报也[13]。

故三军之事，莫亲于间[14]，赏莫厚于间，事莫密于间。非圣智不能用间，非仁义不能使间[15]，非微妙不能得间之实[16]。微哉！微哉！无所不用间也。间事未发，而先闻者，间与所告者皆死[17]。

凡军之所欲击，城之所欲攻，人之所欲杀，必先知其守将，左右，谒者，门者，舍人之姓名，令吾间必索知之。

必索敌人之间来间我者，因而利之，导而舍之[18]，故反间可得而用也。因是而知之[19]，故乡间、内间可得而使也；因是而知之，故死间为诳事，可使告敌。因是而知之，故生间可使如期。五间之事，主必知之[20]，知之必在于反间，故反间不可不厚也。

昔殷之兴也，伊挚在夏[21]；周之兴也，吕牙在殷[22]。故惟明君贤将，能以上智为间者[23]，必成大功。此兵之要，三军之所恃而动也[24]。

【注释】

①内外骚动：全国上下动乱不安。

②怠于道路：怠（dài）疲惫、懈怠。运输军需物资的疲惫于道路上。

③七十万家：指出兵打仗，要有大量的民众承受繁重的徭役、赋税，不能正常地从事劳动。曹操注：“古者八家为邻，一家从军，七家奉之。言十万之师举，不事耕稼者七十万家。”

④爱爵禄百金：爱，吝啬；爵，爵位；禄，俸禄。指吝啬爵位、俸禄和金钱而不肯重用间谍。

⑤动而胜人：指一出兵就能战胜敌人。动，举动，这里指出兵。

⑥先知者，不可取于鬼神，不可象于事，不可验于度：这里指要做到事先知道敌人的情况有三个不可。一不可取于鬼神，反对迷信；二不可对事物进行机械类比推测。象，相像。三不可验证于天象星辰运转的“度”。验，应验；度，度数，指星辰的位置。这三个不可就是反对迷信鬼神，反对用旧经验作类比推理的经验主义，也反对用仰观星辰的作法，主张从知敌情的人的口中去取得。

⑦五间俱起，莫知其道，是谓神纪，人君之宝也：俱，都。起，使用。道，途径，规律。神纪，神妙莫测的道理。纪，道，理。是说五种间谍同时都使用起来，使敌人莫测高深，这是神妙的道理，是国君的法宝。

⑧因其乡人而用之：指利用敌国的普通人做间谍。因，凭借、根据，这里引申为利用。

⑨内间者，因其官人而用之：官人，指敌国官吏。说“官”是“管”的假借字，官人，指管事的人。指收买敌国官吏做间谍。

⑩反间者，因其敌间而用之：所谓反间，就是收买或利用敌方派来的间谍，使其为我所用。

⑪为诳事于外：诳（kuáng），迷惑、欺骗。即故意向外散布虚假

的情况，假装泄漏了机密，以欺骗、迷惑敌人。

⑫令吾间知之，而传于敌间：指让我方间谍了解我所故意泄露的虚假情况，并传给敌人，使敌人上当。有的版本此句为："令吾间知之，而传于敌也。"

⑬生间者，反报也：反，同返。指到敌方了解情况后，能活着返回报告情况。

⑭三军之事，莫亲于间：军队最亲信的人中没有比间谍更为亲信的了。

⑮非仁义不能使间：这里指不吝啬优厚的爵禄赏赐，并以诚相待，这样，间谍才决心为其效命。

⑯非微妙不能得间之实：微妙，精细奥妙，这里指用心精细、手段巧妙。实，指实情。不是用心精细、手段巧妙的将领，不能取得间谍的真实情报。

⑰间事未发，而先闻者，间与所告者皆死：间事，用间的事情。发，发轫，开始行动。用间的事情还没有开始行动，而预先为敌间知道了，间谍和知道的人都要处死。

⑱导而舍之：导，引导、诱导。舍，释放。对敌人派来的间谍设法诱导他，并交给一定的任务，然后放他回去。

⑲因是而知之：指从反间那里得知敌人内情的意思。

⑳五间之事，主必知之：五种间谍使用的事情，君主都必须知道。汉简《孙子兵法》此句无"主"字。

㉑昔殷之兴也，伊挚在夏：商朝的兴起，是由于重用了在夏为臣的伊尹。

㉒周之兴也，吕牙在殷：周朝的兴起，是由于重用了在殷为臣的吕牙。

㉓上智：指具有很高智谋的人。

㉔所恃而动：恃，依靠。指依靠间谍所提供的情报而采取行动。

【译文】

孙子说：凡兴兵10万，千里征战，百姓的耗费，国家的开支，每天要花费千金，全国上下动荡不安，民众服徭役，疲惫于道路，不能从事耕作的有 70 万家。战争双方相持数年，是为了胜于一旦，如果吝啬爵禄和金钱不重用间谍，以致不能了解敌人情况而遭受失败，那就太“不仁”了。这样的将帅，不是军队的好将帅，不是国君的好助手；这样的国君，不是能打胜仗的好国君。英明的国君，良好的将帅，之所以一出兵就能战胜敌人，成功地超出众人之上，其重要原因，在于他事先了解敌情。而要事先了解敌情，不可用迷信鬼神和占卜等方法去取得，不可用过去相似的事情作类比，也不可用观察日月星辰运行位置去验证，一定要从了解敌情的人那里去获得。

使用间谍有五种：有因间，有内间，有反间，有死间，有生间。五种间谍同时都使用起来，使敌人莫测高深而无从应付，这是神妙的道理，是国君制胜敌人的法宝。所谓因间，是指利用敌国乡里的普通人做间谍。所谓内间，是指收买敌国的官吏做间谍。所谓反间，是指收买或利用敌方派来的间谍为我效力。所谓死间，是指故意散布虚假情况，让我方间谍知道而传给敌方，敌人上当后往往将其处死。所谓生间，是指派往敌方侦察后能活着回报敌情的。

所以军队人事中，没有比间谍再亲信的，奖赏没有比间谍更优厚的，事情没有比用间更机密的。不是才智过人的将帅不能使用间谍；不是仁慈慷慨的将帅也不能使用间谍；不是用心精细、手段巧妙的将帅不能取得间谍的真实情报。微妙啊！微妙啊！真是无处不可使用间谍呀！用间的计谋尚未施行，就被泄露出去，间谍和知道机密的人都要处死。

凡是要攻击的敌方军队，要攻的敌人城邑，要斩杀的敌方人员，必须预先了解那些守城将帅、左右亲信、掌管传达、通报的官员、负责守门的官吏以及门客幕僚的姓名，命令我方间谍一定要侦察清楚。

必须搜索出敌方派来侦察我方的间谍，以便依据情况进行重金收买、优礼款待，要经过诱导交给任务，然后放他回去，这样，反间就可以为我所用了。从反间那里得知敌人情况之后，所以乡间、内间就可得以使用了。因从反间那里得知敌人情况，所以散布给死间的虚假情况就可以传给敌人。因从反间那里得知敌人情况，所以生间就可遵照预定的期限，回来报告敌情。五种间谍使用之事，国君都必须懂得，其中的关键在于会用反间。所以，对反间不可不给予优厚的待遇。

从前商朝的兴起，是由于重用了在夏为臣的伊尹；周朝的兴起，是由于重用了在殷为官的姜子牙。所以，明智的国君、贤能的将帅，能用极有智谋的人做间谍，一定能成就大的功业。这是用兵作战的重要一着，整个军队都要依靠间谍提供情报而采取行动。

【解说】

本篇主要论述使用间谍的重要性及其方法，并提出了先知敌情“不可取于鬼神”，“必取于人”的朴素唯物主义观点。

（一）用间的重要性

正确地选定军事谋略，必须以可靠的情报信息为前提。情报，虽可以通过各种新的侦察技术来获得，但要深刻地了解敌方的实情内幕，最有效的手段莫过于用间。

战争是政治的继续，“伐谋”与“伐交”相联。为了赢得战争，施计定策就不能只想到对面厮杀的战场。放开你智慧的双眼，从其他社会活动中去寻求最好的同盟军，那就可以促使战争局势向着有利于自己的方面发展。范雎间赵而退廉颇，方有长平之胜；陈平间楚而逐范增，才使霸王别姬。所以，会用间的将军，其成功才会超出众人之上。

正因为《用间》所论述的是这样一个关乎战争胜败的全局问题，所以孙子对它的重要性非常重视。他说：“故明君贤将，所以动而胜人，成功出于众者，先知也。先知者，不可取于鬼神，不可象于事，不可验于度，必取于人，知敌之情者也。”就是说，英明的国君，良好的将帅，之所以一出兵就能战胜敌人，而成功超出于众人之上，其重要原因，就在于他事先了解敌情。而要事先了解敌情，不可用迷信鬼神和占卜等方法去取得，不可用过去相似的事作类比，也不可用夜观天象的迷信方法来推断，一定要从了解敌情的人那里获得。

但是，用间要派出大量的、各种类型的间谍，去做形形色色的谍报工作。这当然要耗费金钱。孙子认为，为了用间的成功进行，耗费“爵禄百金”是必要的。他用战争久拖不决的种种巨额耗费作了详细的对比：“凡兴师十万，出征千里，百姓之费，公家之奉，日费千金，内外骚动，怠于道路，不得操事者，七十万家。相守数年，以争一日之胜。”从这一番描绘可以看，孙子的用意是说，这种“相守数年”劳民伤财的战争之所以造成，就是由于没有很好地进行预先的战略侦察，就是由于执政者吝惜“爵禄百金”，因小失大，舍本求末的结果。因此，他以痛斥的口吻大声疾呼：“不知敌之情者，不仁之至也，非人之将也，非主之佐也。”

有人说，用间是不道义的事情，还算是军事谋略么？其实，不同的阶级有不同的道德标准，总想和敌人讲道义，那是真正的傻瓜。在军事谋略学中抛弃用间，无疑等于丢掉了一个“方面军”。

（二）用间的种类和方法

孙子把间谍分为五类，即因间、内间、反间、死间、生间。

（1）因间。孙子说：“因间者，因其乡人而用之。”所谓因间，就是利用同乡关系去从事间谍活动。因间也叫乡间。应该说，除了利用同乡关系外，还包括利用同学、老同事、亲属、老朋友的关系，去察探军情或进行瓦解争取工作。因间还可以解释为利用敌国乡里的普通人或俘虏做间谍。在相邻的国家之间，边界的区分只是个地区概念，而双方边境上的民众中存在的共同的民族习惯，复杂的社会交往，无法用国界来划清，一旦两国关系破裂，乃至发生军事冲突，因间便是最活跃的情报信息。

一般来说，因间还属于比较简单的间谍计谋，只能了解一般情报，也很容易被对手识破或查获，使将计就计的反间计借以成功，这是需要兵家所明察的。

（2）内间。孙子说："内间者，因其官人而用之。"所谓内间，就是收买敌国的官吏做间谍。也有人将"内间"解释为利用敌人内部派别之间的矛盾进行间谍活动。总之，内间即出自敌人的营垒之内。敌垒内的哪些人有可能成为我方的内间呢？杜牧解释说：在敌人的军事官僚机构中，"有贤而失职者，有过而被刑者，亦有宠嬖而贪财者，有屈在下位者，有不得任使者，有欲因败丧以求展己之才能者，有翻覆变诈常持两端之心者"。总之，这样的人或不得志，或贪图财利，或因种种原因对其主将满腹怨愤等，都可以暗地里进行联系。包括政治争取和重金收买，使之为我服务。

（3）反间。孙子说："反间者，因其敌间而用之。"所谓反间，就是收买或利用敌方派来的间谍，使其为我所用。反间计的内容是以假乱真。其方法包括两个方面：一是敌间谍被我发现或捕获后，不是公开审判，而是暗中以重金收买，使他变为在我控制下给敌方提供假情报的双重间谍。二是我发现了敌间谍，并摸清了他的来意，但不露声色，装得像根本不知道一样，采取将计就计的办法，给他透露一些假情报。例如根据我方预定的行动日期，告诉他一个提前或推后的假日期，让他回去报告。敌人以假当真，我正可以利用敌人的错误达到目的。

（4）死间。孙子说："死间者，为诳事于外，令吾间知之，而传于敌间也。"所谓死间，是指故意散布虚假情况，让我方逃跑到敌方的人员知道而传给敌人，敌人上当后，往往将其处死。按孙子的本意讲，"死间"是一个借刀杀人，处置叛逃人员的计谋。

自孙子之后，军事家对"死间"的解说和用法还有两种情况。一种情况是：针对敌人内部了解我弱点的人给其主子提供的情报和用兵计策，及时改变或制造假象掩盖我弱点，使敌主将怀疑提供情报的人，乃至将其杀掉。另一种情况是：为了捕捉有利的战机，不顾我方派到敌方去的外交情报人员尚未撤回，就开始了军事行动，使敌人对我方派去的外交情报人员引起怀疑而将其处死。

（5）生间。孙子说：“生间者，反报也。”所谓生间，是指派往敌方侦察后亲自返回报告情况的人。生间是对敌间而言的。就其内容来说，有选贤能之士，或游说于列国之间，或打进敌国官僚机构之中；有以某一具体的作战情报速去速回；有以诈降迷惑对方，或借机给敌以不意的袭击，或为今后作战充当内应等。

这五间之中，最重要的是反间。反间也是最活跃、最生动的。因为反间是被我收买利用的敌间，他掌握着大量的情报。因此，孙子主张对反间要不惜重金收买，给予优厚待遇，所谓“五间之事，主必知之，知之必在于反间，故反间不可不厚也”。所以，关于用间的方法，他认为利用好反间是“五间俱起”的关键。只有策反敌间，为我所用，才能使乡间、内间、死间、生间顺利地完成各自受领的任务。

（三）用间的要求

孙子认为，用间是一项十分机密的工作。因此，对谍报人员要特殊看待，在感情上要特别亲近，“三军之事，莫亲于间”；在奖励上要特别优厚，“赏莫厚于间”；在使用上要特别信任，“事莫密于间”。而要能做到这些，掌管和使用间谍的人，必须有超人的智慧，仁义的胸怀，善于分析的头脑，所谓“非圣智不能用间，非仁义不能使间，非微妙不能得间之实”。

亲抚、重赏、秘密，是孙子提出的用间的三个要素。

“亲”和“密”又是紧紧联系的。不是心腹，不可以言秘；间事不密，则为己害。这里包含着对间谍培养和使用两个方面。

要让老鼠进食毒饵，就不能让它嗅出毒味，要让敌人相信我制造的假情报，就不能泄露自己的心机。谋成于密，败于泄；以谋保密，谋更密。古人用间的具体方法，今天不完全适用了，但“事莫密于间”的原则，还是值得借鉴的。

孙子提出，在间谍的人选中，最理想、最重要的是“以上智为间”。他举例说，称得起“上智”的人，就是伊挚（伊尹）和吕牙（姜太公）。因为伊挚是夏桀的大臣，吕牙是商纣的大臣，都是洞悉夏、商政治、军事战略情报而又睿智聪颖的人物。商汤和周武王分别以他二人为相、为师，所以能“必成大功”。孙子最后得出结论，用间，“此兵之要，三军之所恃而动也”，在战争中具有举足轻重的地位。

《孙子兵法》以《用间》收束全书，不仅与战略决策的《计篇》相互辉映，同时也使我们看到，孙子的“知彼知己”，“先胜而后求战”的“全胜”思想是始终如一，一贯到底的。《孙子兵法》问世两千多年后的今天，我们学习它，不能不为它博大精深的内容，庄重严谨的结构，浑然如一的体系而惊叹不已，更不能不为我国古代文化遗产宝库中有这样一颗瑰丽的珍珠而感到自豪和骄傲！

主要参考书目

（1）《十一家注孙子》，孙武撰，曹操等注，郭化若译，上海古籍出版社 1978 年版。

（2）银雀山汉墓竹简《孙子兵法》，银雀山汉墓竹简整理小组编，文物出版社 1976 年版。

（3）《孙子译注》，郭化若译注，上海古籍出版社 1984 年版。

（4）《武经七书注译》，《中国军事史》编写组编，解放军出版社 1986 年版。

（5）《孙子兵法新注》，军事科学院战争理论研究部《孙子》注释小组注释，中华书局 1977 年版。

（6）《兵家权谋》，李炳彦著，战士出版社 1983 年版。

（7）《孙子兵法浅说》，吴如嵩编著，战士出版社 1983 年版。

（8）《中国古代兵法杂谈》王显保、许保林编著，战士出版社 1983 年版。

（9）《中国古代战争通览》（上卷），张晓生、刘文彦编著，长征出版社 1988 年版。

后　记

中国古代的兵书，卷帙浩繁，内容丰富，历史悠久，影响深远。存留到今天的兵书就有四五百种之多，其中在国内外最富盛誉的则首推《孙子兵法》，是我国流传下来最早而又保存完整的古代军事名著。它成书于春秋末期。那时无纸，写字难，文句之间、语气之间有省略，原文艰涩难懂。所以，我们将全书译成白话，便于读者阅读。为了帮助读者理解它的深邃思想，我们力求做到：从整体上对《孙子兵法》进行系统、全面的介绍和评述，逐篇归纳为若干专题进行较为详细、准确的解说，并引证大量的战例、故事、生活实践，把抽象的军事哲理具体化。

在编写过程中，我们参考了许多研究《孙子兵法》的注译、专著，文集和资料，翻阅了大量报纸和杂志，吸收了其中的研究成果，在此无法一一列出，特予说明并谨表谢忱。

在《孙子兵法》的研究中，我们是新兵，学识浅薄。由于手头资料有限，对于兵圣之作，发表我们的浅见，未免有“歪嘴和尚”之感，疏漏及错误不当之处也在所难免，诚恳希望军内外广大读者批评指正。

编著者

1991年2月于解放军西安政治学院

白话三十六计

出版说明

《三十六计》是中国古代一部优秀的计谋书。它根据敌对双方所处形势的不同，将三十六计分为胜战计、敌战计、攻战计、混战计、并战计、败战计六套计，以取胜为目的，采取相应的策略。确是制敌的要诀，计谋之经典。

三十六计在中国古代被普遍运用在政治、军事和外交斗争之中。例如：春秋时期吴越争霸使用的计谋就有瞒天过海、笑里藏刀、美人计、趁火打劫、上屋抽梯等；三国赤壁之战，使用的计谋就有反奸计、苦肉计、连环计等等，均取得了辉煌的成绩。

计谋的运用是灵活而复杂的，三十六计的重要指导意义是不容忽视的。然而，《三十六计》作为一部专著，究竟出自何代何人之手，史书上并无记载。不过，我们可以肯定地说，三十六计是对古代战争和政治斗争经验教训的总结。至少在先秦时期，三十六计中的单条计已经多被使用。最初的三十六计只有计名，解语、按语是宋以后的人补上的。后人对之不断总结归纳修正，终于才形成了《三十六计》。

研究《三十六计》，关键是领悟其计策精髓，所以，我们组织了这本《白话三十六计解语》，以期让更多的人读懂它，理解它，并正确运用在实践之中，指导自己取得成功。

编　者

◇总　说◇

【解语】

六六三十六[1]，数[2]中有术[3]，术中有数。阴阳[4]燮理[5]，机[6]在其中。机不可设，设则不中。

【按】

解语重数不重理。盖理，术语自明；而数则在言外。若徒知术之为术，而不知术中有数，则术多不应。且诡谋权术，原在事理之中，人情之内。倘事出不经[7]，则诡异[8]立见，诧世惑俗，而机谋泄矣。

或曰：三十六计中，每六计成为一套。第一套为胜战计，第二套为敌战计，第三套为攻战计，第四套为混战计，第五套为并战计，第六套为败战计。

【注释】

①六六三十六：借用《易经·坤卦》之极阴数“六六”代表三十六计，指诡计多端。

②数：易数，本义是推演卦底的依据，此处引申为客观实际规律。

③术：计谋方略。

④阴阳：一阴一阳，是中国传统哲学中构成事物的两大要素。传统哲学中的阴阳规律是事物发展变化的基本规律。阴阳是对立统一的。

⑤燮理：谐调，调和。

⑥机：机谋，机变。

⑦不经：经，常规，原则，常理。不经，即违背常理，违背原则。

⑧诡异：诡，奇异。不正常，奇特怪异。

【白话】

（解语）六乘六等于三十六，在实际规律中蕴藏着计谋，而计谋的运用也离不开实际规律。阴阳法则的调理与转化，机谋权变便从中产生。所以，机谋不可以任意设计，否则就会失败。

（按）以上解语重视的是实际规律而不是一般道理。因为道理通过语言的表达自然会明白，而实际规律却是在语言之外的。如果只知为计谋而计谋，却不知计谋离不开实际规律，计谋的运用往往就不应验。而且，诡诈的计谋和权变的手段，本来就在事理之中、人情之中，如果违背这一原则，奇异之处立刻就会显现，引起人的惊疑，计谋也就暴露了。

三十六计按战争形势的不同，每六计组成一套。第一套为胜战计，第二套为敌战计，第三套为攻战计，第四套为混战计，第五套为并战计，第六套为败战计。

◇第一套◇

胜战计

所谓胜战计，即在战争形势对自己一方有利的情况下所采取的计谋。原则上是自己一方处于主动地位，处于优势，敌方处于被动地位，处于劣势。胜战计包括瞒天过海、围魏救赵、借刀杀人、以逸待劳、趁火打劫、声东击西六条计谋。

第一计　瞒天过海

【解语】

备周[①]则意怠[②]，常见则不疑。阴在阳之内，不在阳之对。太阳，太阴[③]。

【按】

阴谋作为，不能于背时秘处行之。夜半行窃，僻巷杀人，愚俗之行，非谋士之所为也。如：开皇九年[④]，大举伐陈[⑤]。先是弼[⑥]请缘江防人，每交代[⑦]之际，必集历阳[⑧]，大列旗帜，营幕蔽野。陈人以为大兵至，悉发国中士马，既而知防人交代，其众复散。后以为常，不复设备。及若弼以大军济江，陈人弗之觉也。因袭南徐州[⑨]，拔之。

【注释】

①备周：防备周密。

②意怠：思想松懈。

③太阳，太阴：根据阴阳互相转化的规律，阳极而阴生，阴极而阳动。

④开皇：隋文帝建国年号，九年即公元589年。

⑤陈：南朝之陈国，陈霸先建于公元557年，建都建康，今南京。

⑥弼：隋朝大将贺若弼。

⑦交代：即换防。

⑧历阳：地名，今安徽和县。

⑨南徐州：即江苏镇江。

【白话】

（解语）自以为防备极其周密，其思想就容易松懈；平时看惯了的，就不容易引起怀疑。阴往往深藏在阳之中，依存于阳，并不互相排斥。阳极生阴，阴极生阳。这就是易理中阴阳变换的原则。

（按）要想阴谋有所作为，就不能在阴暗偏僻的地方施用。半夜偷东西，在偏僻的小巷里杀人，这是愚蠢庸俗的人的行为，不是谋士所应做的事。比如，隋朝开皇九年（公元589年），隋大举进攻陈国。在此以前，隋将贺若弼命令那些沿江的守备部队，每次调防时，都要在历阳集中，插上很多旗帜，军营帐篷遍地都是。陈国以为隋军大队人马集结，要来进犯，便马上集结国内全部兵力进行防御。事后才知道是隋军的守备部队调防，于是又把部队撤了回去。如此反复，陈国对隋军的做法习以为常，也就不再防备了。后来，等到贺若弼率领大军渡过长江，陈国人还没有察觉，隋军便很顺利地袭击并占领了南徐州。

第二计　围魏救赵

【解语】

共敌[①]不如分敌[②]，敌阳[③]不如敌阴[④]。

【按】

治兵如治水：锐者避其锋，如导流[⑤]；弱者塞其虚，如筑堰[⑥]。如当齐救赵时，孙子谓田忌曰："夫解杂乱纠纷者不控拳[⑦]，救斗者，不搏击。批亢捣虚[⑧]，形格势禁[⑨]。则自为解耳。"

【注释】

①共敌：集中的敌人。也作使敌人兵力集中。

②分敌：分散的敌人。也作使敌人兵力分散。

③敌阳：正面攻击敌人。

④敌阴：背后偷袭敌人。

⑤导流：疏导、分流。《孙子·虚实篇》："夫兵形象水。水之形，避高而趋下；兵之形，避实而击虚。水因地而制流。兵因地而制胜。故兵无常势。水无常形；能因敌变化而取胜者，谓之神。"

⑥筑堰：修筑堤坝。

⑦控拳：用拳头砸。

⑧批亢捣虚：亢，咽喉部位，形容要害；虚，虚弱的地方。批，用手打，引申为攻击。攻击其要害和虚弱点。

⑨形格势禁：格，阻止，阻碍。禁，禁止，禁阻。即被形势所阻碍。

【白话】

（解语）与其攻打集中的强敌，不如迫使敌人分散兵力。应该避免与敌人正面交锋。而迂回到敌人的后方，偷袭敌人。

（**按**）对敌作战如同治水：对于来势凶猛的敌人，要避开它的锋芒，如同疏导洪水；对于弱小的敌人，却要堵绝它的漏洞，如同筑堤修坝一样，一举围歼。例如战国时当齐国去营救赵国时，孙膑对田忌说："要解开杂乱纠结的一团绳索，不能用拳头去打；要劝解打架，不能自己动拳打人。攻击敌人的要害和空虚部位，使他们受到危急形势的阻碍和逼迫，战事就自然而然地解决了。"

第三计　借刀杀人

【解语】

敌已明，友未定，引友杀敌，不自出力，以《损》①推演。

【按】

敌象已露，而另一势力更张，将有所为，便应借此力以毁敌人。如：郑桓公将袭郐②，先问郐之豪杰、良臣、辨智、果敢之士，尽与姓名，择郐之良田赂之，为官爵之名而书之；因为设坛场③郭门④之外而埋之，衅⑤之以鸡豭⑥，若盟状。郐君以为内难⑦也，而尽杀其良臣。桓公袭郐，遂取之。诸葛亮之和吴拒魏及关羽围樊、襄，曹⑧欲徙都，懿⑨及蒋济说曹曰："刘备、孙权外亲内疏，关羽得志，权必不愿也。可遣人劝蹑⑩其后，许割江南以封权，则樊围自解。"曹从之，羽遂见擒。

【注释】

①《损》:《易经·损卦》:"象曰：损下益上，其道上行。"意思是说：减损下方，增益上方。其方向是由下向上进行的。有所损必有所得。

②郑桓公：西周末年，郑国的君主。郐，当时的一个小国。

③坛场：祭坛，用来祭祀天地、表明心愿的祭祀场所。

④郭门：郭，古代的城市建筑时，在城的外围加筑一道城墙即为郭。郭门，指城门。

⑤衅：古代的一种祭祀天地仪式，用牲畜的血涂在新制的器物上，引申为涂抹。

⑥豭：公猪。

⑦内难：难，灾难，祸乱。内部叛乱。

⑧曹：曹操，东汉丞相，封魏王。魏建立后追尊魏武帝。

⑨懿：司马懿，曹操的重要谋士。时为主簿。

⑩蹑：跟踪，追随。

【白话】

（解语）敌人的情况已经明确，友军的情况还不确定。这时，就要诱导友军去消灭敌人，自己避免作战，从而保存实力。此计从损卦推算而出。

（按）敌人的情况已经显露，而另一股势力也正在扩张，并将有所作为。便应当借用这股势力去消灭敌人。

例如：西周末年，郑桓公想要袭击郐国。事前，他先问明郐国有哪些英雄豪杰、贤良大臣、能言并善于分辨是非的智谋之士和有胆有识的勇士，一一记了他们的姓名，并选择郐国的良田分送给他们，还封他们官爵，并且都注明在名单上；为此还在城外筑起祭坛，把这张名单埋在地下，杀鸡宰猪，举行了涂血的仪式，仿佛订下盟约似的。郐国国君以为内部发生叛变，就把他们都杀了。郑桓公袭击并占领了郐国。又如：三国时诸葛亮联吴抗魏，以及关羽围困樊城、襄阳时，曹操想要迁都，司马懿和蒋济却劝曹操说："刘备、孙权表面上亲密，骨子里却是疏远的。关羽如果得志，孙权必然不愿意的。我们可派人劝孙权跟踪攻击关羽的后方，并答应把江南地方分封给孙权。这样，樊城的围困自然会得到解救。"曹操采纳了他们的意见，结果关羽被孙权所擒。

第四计　以逸待劳[1]

【解语】

困敌之势，不以战。损刚益柔[2]。

【按】

此即致敌[3]之法也。兵书云："凡先处战地而待敌者佚，后处战地而趋战[4]者劳。故善战者，致人而不致于人。"兵书论战，此为论势，则其旨非择地以待敌，而在以简驭繁[5]，以不变应变，以小变应大变，以不动应动，以小动应大动，以枢应环也[6]。

如管仲寓军令于内政，实而备之。孙膑于马陵道伏击庞涓，李牧守雁门，久而不战，而实备之，战而大破匈奴。

【注释】

①以逸待劳：逸，安逸；劳，疲劳。出自《孙子·军争篇》："以近待远，以佚待劳，以饱待饥，此治力者也。"

②损刚益柔：《易经·损卦》："彖曰：损，损下益上，其道上行。……损刚益柔有时，损益盈虚，与时偕行。"意思说：减损下的阳刚以增益上之阴柔要适时，事物的减损增益，盈满亏虚，都要与时机相配合。"在作战时，刚，指进攻的士气和态势。柔，指防御的心理和形势。

③致敌：致，招引，调动，调动敌人。

④趋战：趋，奔赴、奔向。仓促奔赴战场。

⑤以简驭繁：简，简单；繁，繁琐，复杂。驭，驾御，控制。用简单的方法而控制复杂的局面。

⑥以枢应环：枢，枢纽，中心环节，关键部位；环，围绕，指四周。以中心转动应付四周活动。

【白话】

（解语）困扰敌人的兵势，不直接采取战斗。适时适当地采取防御态势，疲惫拖垮敌人，变被动为主动。

（按）这就是调动敌人的方法。兵书上说："凡是先到战场等候敌人的，从容安逸；后到战场仓促应战的，疲劳不堪。所以善于作战的人，能调动敌人而不被敌人调动。"兵书讲的是如何打仗，这里探讨的却是如何掌握主动权，其宗旨不在于选择地形等待时机打击敌人，而是在于阐明用简单的方法控制复杂的局面，用不变化的心态对付变化的形势，用小变化对付大变化，用不动对付活动，用小的运动对付大的变动，这种战术规则，就好像枢纽用转动来对付不断活动的边围一样。

比如：春秋时期，管仲管理齐国，实行军政合一，在农闲时就从事军事训练，实际上是在备战。战国时，孙膑在马陵道伏击庞涓。赵将李牧镇守雁门关时，长期不同匈奴作战，其实是在积极备战，后来一战而大败匈奴。

第五计　趁火打劫

【解语】

敌之害大，就势取利。刚决柔也①。

【按】

敌害在内，则劫其地；敌害在外，则劫其民；内外交害，则劫其国。如越王②乘吴国内蟹稻不遗种③而谋攻之。后卒乘吴北会诸侯于黄池④之际，国内空虚，因而捣之，大获全胜。

【注释】

①刚决柔也：《易经·夬卦》："彖曰：夬，决也，刚决柔也。"意思是说：夬，就是决断，犹如阳刚君子果断地制裁阴柔小人。运用到军事上，当战争形势对自己有利时，要果断地进攻战胜敌人。

②越王：春秋时越王勾践，曾因战争失败而甘作吴王奴隶，卧薪尝胆，以图复仇，后果然打败吴王夫差，得偿所愿。

③蟹稻不遗种：螃蟹死光，水稻颗粒无收。指大灾害。

④黄池：地名，今河南封丘县内。前 482 年，吴王夫差和晋、鲁等国到黄池会盟，争当霸主。越王勾践趁吴国空虚，出兵吴国。

【白话】

（解语）敌人内部祸患严重，就要乘机出兵夺取利益。当形势对自己有利时，就要果断地战胜对方。

（按）敌人的内部有忧患，就抢占他的土地；敌人的外部有忧患，就掠夺他的百姓；敌方既有内忧又有外患，就劫掠他的国家。比如：春秋时，越王勾践乘吴国遭受大的自然灾害，连螃蟹、稻子都死绝时，谋划进攻吴国。后来终于趁吴王夫差北上黄池与各国诸侯会盟之际，因其国内空虚，便大举进攻吴国，终于大获全胜。

第六计　声东击西

【解语】

敌志乱萃[①]，不虞[②]。坤下兑上之象[③]。利其不自主而取之。

【按】

西汉，七国反[④]，周亚夫[⑤]坚壁不战。吴兵奔壁之东南陬，亚夫便备西北。已而，吴王精兵果攻西北，遂不得入。此敌志不乱，能自主也。

汉末，朱儁[⑥]围黄巾[⑦]于宛[⑧]，张围结垒，起土山以临城内，鸣鼓攻其西南，黄巾悉众赴之。儁自将精兵五千，掩其东北，遂乘虚而入。此敌志乱萃，不虞也。

然则声东击西之策，须视敌志乱否为定。乱，则胜；不乱，将自取败亡。险策也！

【注释】

①敌志乱萃：萃，丛生的草，象征聚集之意。《易经·萃卦》："象曰：乃乱乃萃也，其志乱也。"其意是：行动混乱并与人杂聚一起，其心志已经迷乱。

②不虞：意料不到。指将会有预料不到的事情发生。

③坤下兑上之象：指泽地萃卦的卦象。坤象征地，兑象征泽。《易经·萃卦》："象曰：泽上于地，萃；君子以除戎器，戒不虞。"意思是说：水聚集在地上而成泽，象征聚集。君子应当修治兵器，以防意外之事发生。《六十四卦经解·萃》："泽上于地，则聚水者堤防耳。故有溃决之虞。"意思是说：水聚在地上成泽，要依赖堤防储积，但是，水越聚越多，堤防就有溃决的危险。这是整条计谋的依据。

④七国反：指西汉七国之乱。公元前154年，以吴王刘濞为首的七个分封国王，反对汉景帝采纳晁错的"削藩"建议，联合反叛中央，历

时三个月，叛乱平息。

⑤周亚夫：西汉名将，沛（今江苏省沛县）人，绛侯周勃的儿子，初封条侯。景帝三年（公元前154年）率兵平定吴、楚等七国之乱，后升丞相职位。

⑥朱儁：即朱俊，东汉会稽上虞（今浙江省上虞）人。公元184年黄巾起义，东汉朝廷派他为右中郎将，与皇甫嵩等镇压黄巾军。后封钱塘侯。

⑦黄巾：东汉末年，以张角为首创立“太平道”，号召组织农民大起义。公元184年起义，义军头缠黄巾，称黄巾军。后遭政府军和各地豪强、地主武装的血腥镇压而失败。

⑧宛：宛城，今河南南阳。

【白话】

（解语）敌人的意志已经混乱，随时都有意料不到的灾祸发生。这是根据萃卦推算的结果。应当抓住敌人失去控制之有利时机而消灭它。

（按）西汉景帝时，吴、楚等七国联合叛乱。西汉名将周亚夫坚守城堡，拒不出战。围城的吴国军队去攻打城的东南角，周亚夫便守备西北角。不久，吴王的精锐部队果然攻打西北角，终究攻不进去。这是敌人将领的意志不乱，能够自主的战例。

东汉末，右中郎将朱儁把黄巾军围困在宛城（今河南省南阳）。他在城外建立包围工事，并垒起小土山来俯视城内的情况。然后，他擂起战鼓，命令军队向城的西南方进攻，黄巾军便奔去守卫西南角。朱儁却亲自率领五千精兵进攻东北角，于是，趁虚攻进城去。这就是敌人的意志已经混乱，不能预料突然事变的战例。

这样说来，声东击西之计，必须要以敌人将领的意志是否迷乱作为基础，敌人意志乱了，便能成功，敌人意志不乱，便将会自取失败。这是一条冒险的计策呀！

◇第二套◇

敌战计

所谓敌战计，是指在敌我双方的实力相当，所处形势互有短长的情况下所采取的计谋。原则上要在敌我双方对峙的情况下有意识地主动创造有利于我方的条件和时机，造成敌方的错觉，使之处于被动，受制于我。敌战计包括无中生有、暗渡陈仓、隔岸观火、笑里藏刀、李代桃僵、顺手牵羊六条计。

第七计　无中生有

【解语】

诳[①]也，非诳也，实其所诳也。少阴，太阴，太阳[②]。

【按】

无而示有，诳也。诳不可久而易觉，故无不可以终无。无中生有，则由诳而真，由虚而实矣。无，不可以败敌；生有，则败敌矣。

如令狐潮[③]围雍丘，张巡[④]缚稿为人千余，披黑衣，夜缒城下。潮兵争射之，得箭数十万。其后复夜缒人，潮兵笑，不设备。乃以死士五百砍潮营，焚垒幕，追奔十余里。

【注释】

①诳：欺诈，欺骗行为。这里指用假象欺骗人。

②少阴，太阴，太阳：是四象中的三象，叠起为风雷益卦。《易经·益卦》："益，利有攸往，利涉大川。"意思是"有利于前进，有利于渡过大河。这是一种冒险成功的启示。由少阴之象而积累为太阴之象，"阴极阳生"，则必然转化为太阳之象。阴若代表假象，阳则为真象。由小的假象而促成大的假象，似乎是确实的假象，最后将这种假象变成真象。

③令狐潮：唐朝叛将安禄山的部将。

④张巡：唐将，安史之乱时，起兵守雍丘，打败令狐潮。公元757年移守睢阳（今河南省商邱南），城陷，被杀。

【白话】

（解语）用假象去欺骗敌人，但不是要一直弄假，而是要使敌人信假是真，然后，巧妙地由假象变成真象，利用假象掩护真象。按照益卦的原理，用小的假象而促成大的假象，最后突然变成真象。

（按）没有而装作有的样子，这是一种骗局。骗局不能长久，否则易被识破，所以没有不能永远没有。从没有变成有，这就是由假象变成真象，由不存在变成存在。假象是不能够打败敌人的，只有从假象变成真象，才能打败敌人。

比如：安史之乱时，令狐潮围了雍丘（今河南省杞县），城中守将张巡下令扎了一千多个稻草人，并为他们披上黑衣，然后在晚上用绳子缒下城去。令狐潮的士兵以为城里出兵偷袭，争相放箭，结果，张巡赚了几千枝箭。后来，又将他的士兵在夜里缒下城去，令狐潮的士兵见了，都笑起来，毫不作战斗准备。于是，张巡以五百名敢死士冲击令狐潮的军营，并焚烧了他们的营幕和工事，一直追杀了十多里。

第八计　暗度陈仓[1]

【解语】

示之以动。利其静而有主。益动而巽[2]。

【按】

奇出于正[3]，无正则不能出奇。不明修栈道[4]，则不能暗度陈仓。

昔邓艾[5]屯白水[6]之北，姜维[7]遣廖化[8]屯白水之南，而结营焉。艾谓诸将曰："维今卒还，吾军少，法当来渡。而不作桥。此维使化持我，令不得还，必自东袭取洮城[9]矣。"艾即夜潜军，径到洮城，维果来渡。而艾先至，据城，得以不破。

此则是姜维不善于用暗度陈仓之计，而邓艾察知其声东击西之谋也。

【注释】

①陈仓：地名，在今陕西宝鸡东二十里处。

②益动而巽：《易经·益卦》："彖曰：益动而巽，日进无疆。"意思是说：顺着常理而行动，就会每天都有增益，直到永远。巽，在八卦中象征风，顺风而行，必然容易。运用到军事上，若要使用暗度陈仓之计，所有行动必要符合一般的战争原则。

③奇正：指战争的出奇制胜的变化和一般原则。《孙子·势篇》："凡战者，以正合，以奇胜。"

④栈道：在险绝的山上或悬崖绝壁用竹木架设的道路。

⑤邓艾：三国时魏国人，字士载。当初为司马懿掾属，后作为镇西将军，公元263年同钟会分兵入蜀，灭之。后为钟会所杀。

⑥白水：即桓水、强川，源出岷山。邓艾与蜀将姜维相拒之地。邓艾在北岸，姜维在南岸。

⑦姜维：三国时蜀将，字伯约，长期与魏军作战，多建奇功。
⑧廖化：三国蜀将，字元俭。
⑨洮城：地名，今甘肃岷县西百里处。

【白话】

（解语）故意暴露自己的行动吸引敌人，利用敌人专心注意自己的动向而固守不动时，我方则采取主动，偷偷迂回到敌人的另一方袭击敌人。根据益卦原理，作战方法一定要顺乎常理才能有所成功。

（按）出奇制胜，产生于常规的用兵方法。没有按照常规的用兵原则行动，就不能达到出奇制胜的目的。如果没有明修栈道的军事行动，就不会取得暗度陈仓的成功。

过去三国时，魏将邓艾驻守在白水北岸，蜀将姜维却派遣廖化防守在白水南岸，并且安营扎寨。邓艾对各位将领说："如今姜维突然回军，我们兵力少，按一般的作战规则，姜维应该过河来攻，然而至今仍不见架桥。这是他让廖化来牵制我，他却想断我的归路，必然率领主力部队向东袭击洮城去了。"于是邓艾连夜带兵回到洮城。果然姜维前来，然而邓艾已经先到，固守城池，结果未被攻破。

这是一则姜维不善于运用暗度陈仓之计，而邓艾却识破了他声东击西之计的战例。

第九计　隔岸观火

【解语】

阳乖[①]序乱，阴以待逆。暴戾恣睢[②]，其势自毙。顺以动，豫；豫，顺以动[③]。

【按】

乖气浮张，逼则受击，退则远之，则乱自起。

昔袁尚、袁熙[④]奔辽东，众尚有数千骑。初，辽东太守公孙康[⑤]恃远不服。及曹操破乌丸[⑥]，或说操遂征之，尚兄弟可擒也。操曰："吾方使康斩送尚、熙首来，不烦兵矣。"九月，操引兵自柳城还，康即斩尚、熙，传其首。诸将问其故，操曰："彼素畏尚等，吾急之，则并力；缓之则相图。其势然也。"

或曰：此兵书火攻之道也。按兵书《火攻篇》[⑦]，前段言火攻之法，后段言慎动之理，与隔岸观火之意，亦相吻合。

【注释】

①乖：违背，不协调。

②暴戾恣睢：暴戾，残暴凶狠；恣睢，横暴的样子。凶恶残暴，任意横行。

③顺以动，豫；豫，顺以动：《易经·豫卦》："彖曰：豫，刚应而志行，顺以动，豫；豫，顺以动。"《易豫·卦疏》："谓之豫者，取逸豫之义。以和顺而动，动不违众，众皆豫悦也。"其意思是说：顺应时机，采取和顺的态度，就会愉快。

④袁尚、袁熙：三国时袁绍的儿子，袁绍死后，袁尚、袁熙逃奔辽西乌丸。乌丸败，又投奔辽东公孙康，被公孙康所杀。

⑤公孙康：三国时期公孙度的儿子，曾割据辽东。后被曹操任命为

左将军。

⑥乌丸：又称乌桓，东胡族。

⑦《火攻篇》：《孙子》篇目之一。

【白话】

（解语）敌人的分裂已经趋于公开，秩序开始混乱，我方则暗中等待他们内部发生暴乱。任意横行，穷凶极恶，势必自取灭亡。应时而动，态度和顺，就会得到愉快的结果。

（按）敌人的内部矛盾已经暴露出来了，如果逼近他们，就会受到他们的联合还击。如果让开他们远远地避开，那么，他们的内乱就会发生了。

从前三国时，袁绍的儿子袁尚、袁熙投奔辽东太守公孙康，还带领着几千名骑兵。原先公孙康依仗自己所处的地方偏远，而不肯屈从曹操。等到曹操击败了乌丸以后，有人建议曹操乘胜远征公孙康，就能够抓住袁氏兄弟。曹操说："我正要让公孙康杀掉袁尚、袁熙，把他们的头送来呢，不用劳师动众去远征了。"九月，曹操率领大军从柳城（今辽宁省锦县西北）撤回，公孙康就杀了袁尚、袁熙，把脑袋送来了。各位将领向曹操请教原因。曹操说："公孙康素来害怕袁氏兄弟，如果我急于用兵，他们定然联合抗拒；如果放松一下，他们就会自相火并：这是必然的发展趋势。"

有人说：这是兵书中"火攻法"的原理。按《孙子·火攻篇》所论，前段谈火攻的法则，后段谈慎重用兵的理论，与隔岸观火的意思也是互相吻合的。

第十计　笑里藏刀

【解语】

信而安之，阴以图之；备而后动，勿使有变。刚中柔外[①]也。

【按】

兵书云："辞卑而益备者，进也；……无约而请和者，谋也。"故凡敌人之巧言令色[②]，皆杀机[③]之外露也。

宋曹玮[④]知渭州[⑤]，号令明肃，西夏[⑥]人惮之。一日玮方对客弈棋，会有叛卒数千，亡奔夏境。堠骑[⑦]报至，诸将相顾失色，公言笑如平时，徐谓骑曰："吾命也，汝勿显言。"西夏人闻之，以为袭己，尽杀之。此临机应变之用也。若勾践之事夫差，则竟使其久而安之矣。

【注释】

①刚中柔外：即外柔内刚之意，表面上柔顺和悦，内心里却刚强不屈。

②巧言令色：巧言，说的好听；令色，讨好的表情。花言巧语，讨好于人。

③杀机：杀人的动向。引申为战争迹象。

④曹玮：宋朝大将曹彬之子，有勇谋、善用兵。

⑤渭州：治所名。北宋时辖地广，相当今甘肃之平凉、华亭、崇信及宁夏之泾源等地。

⑥西夏：古国名，以党项族所建，1038年李元昊定都兴庆（今银川东南）。史称西夏。后为蒙古所灭。

⑦堠骑：堠，古代用来侦察的土堡。堠骑：骑马的侦察兵。

【白话】

（解语）取得敌人的相信，并使其麻痹松懈，却在暗中策划谋取他们。作好充分准备，而后动手，使敌人来不及应变。这就是表面上和好，内心却藏有杀机的谋略。

（按）兵书写道："表面上谦卑而实际上加紧战备的定是要图谋进攻；……没有具体条约而请求讲和的，定是另有阴谋。"所以，凡是敌人花言巧语讨好于我，都是要消灭我方企图的显露。

宋朝时，曹玮做渭州的知州，号令严明，西夏人很惧怕他。有一天，曹玮正和客人下棋，正好有几千名士兵叛变，逃往西夏。当侦察的骑兵回来报告的时候，许多将官你看我，我看你，惊恐失色，而曹玮却像平时一样谈笑自如。而后慢慢地告诉骑兵说："这是我的命令，你们不要声张出去。"西夏人听说后，以为是被派来袭击他们的，就把他们全杀了。这就是临机应变谋略的运用。像春秋时勾践侍奉吴王夫差，竟使夫差相信了他并麻痹大意，放松警惕，一心贪图安逸，终于消灭了吴国。

第十一计　李代桃僵[1]

【解语】

势必有损，损阴以益阳[2]。

【按】

我敌之情，各有长短，战争之事，难得全胜，而胜负之决，即在长短之相较；而长短之相较，乃有以短胜长之秘诀。

如以下驷敌上驷，以上驷敌中驷，以中驷敌下驷之类，则诚兵家独具之诡谋，非常理之可推测者也。

【注释】

①李代桃僵：僵，僵死，枯萎。原意是指代人受过。出自《乐府诗集·鸡鸣篇》："桃生露井上，李树生桃旁。虫来啮桃根，李树代桃僵。树木自相代，兄弟还相忘?"军事上用"李代桃僵"作计名，是指牺牲自己兄弟部队，来换取战争的胜利。也即以小的代价换取大的胜利。

②损阴以益阳：阴，指小的，局部；阳，指大的，全局。损失一部分，保全大局。即牺牲一部分人或损失一部分地盘来增强全军的主动性，取得战争的胜利。

【白话】

（解语）当战局发展必然要有所损失时，要设法用尽可能小的损失换取全局大的胜利。这就是损卦原理的演用。

（按）敌我双方的情况互有长短。在战争过程中，想取得全胜是很难做到的。而谁胜谁负的关键，取决于双方长处和短处的较量。在长处和短处的较量中，还有以短处胜长处的巧妙方法。

比如战国时，田忌用自己的下等马对付人家的上等马，以上等马对付中等马，用中等马对付下等马，二胜一负。这种例子，确实是军事家独具一格的阴谋诡计，并不是用普通道理可以推测到的。

第十二计　顺手牵羊

【解语】

微隙[1]在所必乘，微利在所必得。少阴，少阳[2]。

【按】

大军动处，其隙甚多，乘间[3]取利，不必以战。胜固可用，败亦可用。

【注释】

①隙：空隙，漏洞。指可乘之机。

②少阴，少阳：阴之初生，阳之初生。敌人微小的漏洞或失误，可以被我们利用取得胜利。

③乘间：乘，趁着，凭借，利用；间，夹缝，空隙。趁机之意。

【白话】

（解语）一旦发现微小的漏洞，也要及时利用；不管多么微小的利益，也要力争获得。利用敌方小的疏忽，为我方争取一些小的利益。

（按）大部队行动之处，他们的漏洞和疏忽一定很多。趁机争取一些利益，而不必通过战斗。这个方法，胜利者固然可以用，失败者也同样可以用。

◇第三套◇

攻战计

所谓攻战计，是在进攻中谋取胜利的计谋，是主动性的。其胜利的关键在于事先的谋划是否成功，采取进攻的手段、选择进攻的方位以及调兵遣将是否合理。原则上必须知己知彼，果断勇敢地面对战争中所遇到的各种问题，采取积极的态势，寻求敌方的弱点。攻战计是进攻前的必要准备。它包括打草惊蛇、借尸还魂、调虎离山、欲擒故纵、抛砖引玉、擒贼擒王六条计。

第十三计　打草惊蛇

【解语】

疑以叩实[1]，察而后动[2]。复者，阴之媒[3]也。

【按】

敌力不露，阴谋深沉，未可轻进，应遍探其锋[4]。兵书云："军旁有险阻、潢井[5]、葭苇、山林、翳荟[6]者，必谨复索之，此伏奸之所也。"

【注释】

①疑以叩实：疑，有疑点；叩，打探，询问。有疑点就打探清楚。实，确实。

②察而后动：察，弄明白。弄明白后再行动。

③阴之媒：阴，阴谋，计划；媒，媒介，指必要条件。发现阴谋的条件。

④探其锋：探，侦察，打听；锋，兵器锐利的部分，也指前锋。此处指敌人部队实力。

⑤潢井：积水池。陂塘水池。

⑥翳荟：翳，遮蔽；荟，草多的样子。草木丛生之处。

【白话】

（解语）有了疑点就要打探确实，等到弄明白以后再行动。根据复卦原理：反复侦察敌人的动向，是发现敌人阴谋的必要手段。

（按）敌人的实力如果不暴露，必定隐藏着深沉的计谋。这时不可轻举妄动，应当广泛地侦察敌人的主力部队的情况。兵书上说："行军的两旁，如果有险峻的山地或关隘、坑池水网、芦苇树林以及野草丛生的地方，必须谨慎地反复搜索，这些都是敌人有可能设下埋伏的地方。"

第十四计　借尸还魂[1]

【解语】

有用者，不可借；不能用者，求借。借不能用者而用之，匪我求童蒙，童蒙求我[2]。

【按】

换代之际，纷立亡国之后者，固借尸还魂之意也。凡一切寄兵权于人，而代其攻守者，皆此用也。

【注释】

①借尸还魂：尸，尸体；魂，魂魄。借着别人的尸体恢复自己的魂灵。比喻已经死亡的东西，借着另一种形式出现。作为计谋，代表弱小者或影响较小的人或集团利用已经消亡了的有影响、有感召力的集团或人的影响而活动，扩大自己的势力。

②匪我求童蒙，童蒙求我：《易经·蒙卦》“彖曰：匪我求童蒙，童蒙求我，志应也。”意思是说：不是我有求于蒙昧的幼童，而是他前来求教于我。彼此志同道合，互为感应。那么，童子则受支配。运用在这一计谋中，便是别人受我控制，我不受制于人之意。

【白话】

（解语）凡是有所作为的人，总是难以控制，不可以利用。凡是没有作为的人，总是有求于人，就可以利用。利用没有作为的人发挥作用，使他有所作为。根据蒙卦原理，这不是我受别人支配，而是我支配别人。

（按）每当改朝换代的时候，总会出现纷纷扶植亡国君主后代的现象，本来就是“借尸还魂”的意思。凡是带军队依托别人，并代替别人进行攻击或防御的，也都是这一计谋的运用。

第十五计　调虎离山

【解语】

待天[1]以困之，用人以诱之。往蹇来反[2]。

【按】

兵书曰：“下政攻城[3]。”若攻坚，则自取败亡矣。敌既得地利，则可不以争其地。且敌有主而势大。有主，则非利不来趋；势大，则非天人合用，不能胜。

汉末，羌[4]率众数千，遮虞诩[5]于陈仓崤谷[6]。即停军不进，而宣言上书请兵，须到乃发。羌闻之，乃分抄旁县。诩因[7]其兵散，日夜进道，兼行百余里；令军士各作两灶，日倍增之。羌不敢逼，遂大破之。兵到乃发者，利诱之也；日夜兼进者，用天时以困之也；倍增其灶者，惑之以人事也。

【注释】

①天：即天时。《孙子·计篇》：“天者，阴阳、寒暑、时制也。”指对战争起重大影响的天气状况和时机。

②往蹇来反：《易经·蹇卦》“九三，往蹇来反。”意思是说；九三，往前行走有困难，返原处。“彖曰：蹇，难也。险在前也，见险而能止，知已哉。”意思是：往前去有危险，知难而退，是明智之举。运用在战争中，即明知敌人占据有利条件，就不要硬闯，应设法离开他们，使他们脱离那些有利条件。

③下政攻城：《孙子·谋攻篇》：“故上兵伐谋，其次伐交，其次伐兵，其下攻城……”认为攻城是最困难的事，是最下策，是迫不得已的举动。政，即决策。

④羌：古时一支少数民族，活动在西北地区。

⑤虞诩：东汉将领，字升卿。曾为武都（今甘肃省城县西北）太守，率兵平羌。

⑥崤谷：山地名，位于今陕西宝鸡西南。

⑦因：趁着。

【白话】

（解语）等待天时对敌方不利时再去围困他，用人为的假象去诱骗他。根据蹇卦的原理：往前有危险，就反身离开，要知难而退。

（按）兵书说："攻城是下策。"倘若硬攻坚固城池是自寻失败。敌人既然占据了有利的地形，就不要去争夺地形。况且敌军已经有了准备，而且实力强大。敌人有了准备，如果不用利诱，他们就不会前来攻我；敌人实力强大，如果不把天时与人和结合起来共同发挥作用，就不能战胜他。

东汉末年，西羌叛乱。几千羌人把虞诩的军队拦截在陈仓崤谷一带。虞诩就停止进军，而且声言要向朝廷请求救兵，必须等救兵到来才前进。羌人听了，便分散到邻县去掠夺财物。虞诩趁着羌兵已经分散，就不分昼夜进军。急行一百多里，并命令士兵扎营时各作两个炉灶，逐日加倍。羌人以为援兵到了，不敢进攻。于是大败羌人。虞诩言等救兵到了再走，是用利诱的办法；日夜急行军，是给羌人造成天时上的不利而处于被动；加倍修灶，是为了迷惑羌人，在军心上压垮他们。

第十六计　欲擒故纵[1]

【解语】

逼则反兵，走则减势。紧随勿迫，累其气力，消其斗志，散而后擒，兵不血刃。需，有孚，光[2]。

【按】

所谓纵者，非放之也，随之，而稍松之耳。“穷寇勿追[3]”，亦即此意。盖不追者，非不随也，不迫之而已。武侯之七纵七擒[4]，即纵而蹑之，故展转推进，至于不毛之地。武侯之七纵，其意在拓地，在借孟获以服诸蛮，非兵法也。若论战，则擒者不可复纵。

【注释】

①欲擒故纵：故，有意，故意。想要捉住他，就故意放开他。比喻为了更好地控制他，便有意识地先放松他。“擒”是目的，“纵”是手段。“故”是计谋的要点。

②需，有孚，光：《易经·需卦》：“需，有孚，光亨，贞吉，利涉大川。”意思是说：停止不前，等待时机，心存诚意，就会光明亨通，大吉大利，足以涉河渡江。运用在此计之中就是停止进攻，给敌人一线生机，等待他们企图逃命，没有战斗力的时候，再奋力攻击他们，就会取得更大的胜利。

③穷寇勿追：《孙子·军争篇》：“围师必阙，穷寇勿迫。”即包围敌人定要留有缺口，对陷入绝境的敌人不要过分逼迫他。

④七纵七擒：公元225年，诸葛亮南征孟获，七擒七纵，最后孟获心悦诚服，誓不复反。孟获，三国蜀汉南中一带少数民族首领之一。武侯，即武乡侯诸葛亮之爵位。

【白话】

（解语）逼得敌人无路可走，他们就会拼命反扑；故意放他一条生路，就会削弱敌人的气势。追击敌人时，紧紧地跟踪而不逼近，以消耗他们的体力，瓦解他们的斗志，等到他们的兵力分散、军心混乱时再去捕捉，就可以避免流血。根据需卦的原理，此计的关键是要停止进攻，让敌人相信还有一线逃跑的希望。

（按）这里讲的“纵”，不是将敌人放走而是在后面跟着他们，不过稍微宽松一些罢了。《孙子·军争篇》中说：“对陷入绝境的敌人不要过分逼迫他。”就是这个意思。我们说“不追”，并不是不去跟踪，只是不过分逼迫他罢了。三国时，诸葛亮七纵七擒，就是释放孟获，而后追踪他，因此转来转去，部队不断推进，终于到人迹罕到的边远地方。诸葛亮的七纵，意图在于扩大疆土，借助制服孟获去收服其他少数民族。这种做法，不符合作战的原则。如果按照作战的原则，被擒住的敌人，是不可以再放掉的。

第十七计　抛砖引玉[1]

【解语】

类以诱之，击蒙[2]也。

【按】

诱敌之法甚多，最妙之法，不在疑似之间，而在类同，以固其惑。以旌旗金鼓诱敌者，疑似也；以老弱粮草诱敌者，则类同也。

如楚伐绞[3]，军其南门。屈瑕曰："绞小而轻，轻则寡谋，请无捍采樵者以诱之。"从之。绞人获利，明日绞人争出，驱楚役徙于山中。楚人坐守其北门，而伏诸山下，大败之，为城下之盟而还。又如孙膑减灶[4]而诱杀庞涓。

【注释】

①抛砖引玉：抛出砖去，引回玉来。出自《景德传灯录·从稔禅师》："大众晚参，师云：'今夜答话去也，有解问者出来。'时有一僧便出，礼拜。曰：'比来抛砖引玉，却引得个墼子。'"墼子，砖坯。后用作成语，一般作谦词。比喻先发表自己的见解，引出别人的高见。此处作计用。指用同类的现象引诱敌人。

②击蒙：《易经·蒙卦》："上九，击蒙，不利为寇，利御寇。"意思说：上九，制服蒙昧，不利于进攻，而利于防御。《六十四卦经解·蒙》："击，治也。"运用在战争中，就是使敌人糊涂，搞不清实际情况，以打败他们。

③楚伐绞：楚，绞，战国时诸侯国。前700年，即周桓王五十二年，楚武王进攻绞国。

④孙膑减灶：公元前341年，魏国攻打韩国。齐宣王派田忌、孙膑救韩。孙膑直入魏国，利用魏国人认为齐国人胆怯的心理，用减灶的方法，使庞涓误以为齐军逃兵多而轻骑追击，兵败自杀。

【白话】

（解语）用类似的事物去迷惑敌人，使敌人糊里糊涂上当。

（按）诱惑敌人的方法很多，最妙的方法，不是用似是而非的计策，而是用类似的事物来加强敌人的错觉。用张设旌旗、鸣锣擂鼓去诱惑敌人的，是用疑似法；用老弱残兵和军粮草料去引诱敌人的，才是类似之法。

例如：楚武王率兵进攻绞国。屯扎于绞国都城南门。楚国大臣屈瑕建议说："绞国虽小而浮躁，浮躁就少谋略。请不要派兵保护上山打柴的樵夫，用来引诱绞军上钩。"楚武王同意了，结果他们被绞军捕获。第二天，绞军都争着出城追截楚国樵夫。伪装打柴的楚兵却向山里奔跑。绞军追到山脚下，一支楚军乘机堵住绞国都城的北门，另一支却埋伏在山脚下大败绞军。绞人只好和楚人订立盟约，举国投降。又如孙膑采取了减灶法，诱使庞涓轻骑追赶，而兵败自刎。

第十八计　擒贼擒王

【解语】

摧其坚，夺其魁，以解其体，龙战于野，其道穷也[①]。

【按】

攻胜，则利不胜取。取小遗大，卒之利、将之累、帅之害、功之亏也。全胜而不摧坚擒王，是纵虎归山也。擒王之法，不可图辨旌旗，而当察其阵中之首动。

昔张巡与尹子奇[②]战，直冲敌营，至子奇麾下，营中大乱，斩贼将五十余人，杀士卒五千余人。巡欲射子奇而不识，剡稿为矢[③]。中者喜，谓巡矢尽，走白子奇，乃得其状。使霁云[④]射之，中其左目，几获之，子奇乃收军退还。

【注释】

①龙战于野，其道穷也：《易经·坤卦》："象曰：龙战于野，其道穷也。"意思说，龙战于原野里，便是到了穷途末路了。

②张巡：唐将，安史之乱时率部抵抗乱军。肃宗至德二载（公元757年）守睢阳（今河南省商丘南），被安庆绪的部将尹子奇围困，坚守数月后壮烈殉国。

③剡稿为矢：剡，削尖；稿，稻草。削尖稻草作为箭。

④霁云：南霁云，唐将，为张巡部下，后与张巡一同殉国。

【白话】

（解语）摧毁敌人的主力，抓住他的首领，就可以瓦解他们的整体力量。正如蛟龙战于原野，就面临绝境了。

（按）如果打了胜仗，那么利益是取之不尽的。如果满足于获得小的利益，而丧失获取大的利益，这是士兵的好事，可以减少伤亡，却会成为将军的累赘、主帅的祸害，使前功尽弃。大获全胜而没有摧毁敌人的主力，捉拿他的首领，就是放虎归山。捉拿敌人首领的方法，不要只想从旗帜上去辨别，而应当观察敌人阵地上的主要指挥者。

从前，张巡与尹子奇作战，率军冲向敌营，到尹子奇的帅旗下，敌营大乱，斩杀了贼将五十余名、士兵五千余人。张巡想射死尹子奇，却不认识他，便削尖稻秆当箭射，敌兵中箭的很高兴，以为张巡的箭用完了，便去报告尹子奇。于是张巡认出了尹子奇，命令南霁云射他，正中尹子奇的左眼，差点把他俘获了。尹子奇便收兵撤退。

◇ 第四套 ◇

混 战 计

所谓混战计，就是在战争局势不稳定，敌我双方均处于相对混乱的情况下采取的计谋。原则上，混战计是在战争失去其固有规则的情况下而寻求规则的策略。在混乱之中保持清醒的认识，寻找最可以取胜的途径，创造尽可能好的条件打击敌人。混战计包括釜底抽薪、混水摸鱼、金蝉脱壳、关门捉贼、远交近攻、假途伐虢六条计。

第十九计　釜底抽薪[1]

【解语】

不敌其力，而消其势。兑下乾上之象[2]。

【按】

水沸者，力也，火之力也，阳中之阳也，锐不可当；薪者，火之魄也，即力之势也，阳中之阴也，近而无害。故力不可当而势犹可消。尉缭子[3]曰："气实则斗，气夺则走。"而夺气之法。则在攻心。

昔吴汉[4]为大司马，有寇夜攻汉营，军中惊扰，汉坚卧不动。军中闻汉不动，有倾乃定。乃选精兵反击，大破之。此即不直当其力而扑消其势也。

宋薛长儒[5]为汉、湖、滑三州通判[6]，驻汉州。州兵数百叛，开营门，谋杀知州、兵马监押[7]，烧营以为乱。有来告者，知州、监押皆不敢出。长儒挺身徒步，自坏垣入其营中，以福祸语乱卒曰："汝辈皆有父母妻子，何故作此？叛者立于左，胁从者立于右！"于是，不与谋者数百人皆趋立于右，独主谋者十三人突门而出，散于诸村野，寻捕获。时谓非长儒，则一城涂炭[8]矣！此即攻心夺气之用也。

或曰：敌与敌对，捣强敌之虚，以败其将成之功也。

【注释】

①釜底抽薪：釜，一种炊具，锅。把锅底下烧着的柴草拿走。比喻从根本上解决问题。

②兑下乾上之象：即履卦。《易经·履卦》："履虎尾，不咥人，亨。""象曰：履，柔履刚也。"其意思是：柔顺者小心地随在刚强者之后，则不会受到伤害，一切顺利。

③尉缭子：战国末期的军事家，魏国大梁（今河南省开封）人。有《尉缭子》一书传世。引文见《尉缭子·战威第四》。

④吴汉：东汉名将。南阳宛（今河南省南阳）人，字子颜。王莽末，投奔刘秀，为偏将军。刘秀即位后，任大司马，封舞阳侯。为云台三十二将之一。

⑤薛长儒：宋代名臣，宋代绛州（今山西省新绛）正平人。字元卿，曾任汉、湖、滑三州通判，后知彭州。

⑥通判：官名。宋初始设于各州府，有共同处理地方政务之意。地位略次于地方官，但有监察官吏之特权，故又称“监州”。知州，州的最高长官。

⑦兵马监押：宋代掌管全州军事的武官。

⑧涂炭：涂，泥沼；炭，炭火。指人民陷于泥沼，坠入炭火，痛苦万分，即水深火热之意。

【白话】

（解语）力量上战胜不了敌人，就要设法去消解敌人的气势。根据履卦卦象：不能以硬碰硬，而应该以柔克刚。

（按）水之所以沸腾是靠了火的力量。烈火为热中最热的东西，刚劲猛烈，不可阻挡。柴草，却是火的精魄，也就是火势的动力。柴草燃烧能发热，本身却是凉性的，靠近它不会被烧伤。所以，猛烈的力量虽然阻挡不了，它的气势却可以削弱的。尉缭子说：“士气旺盛，就投入战斗；士气消沉，就避开敌人。”而削弱敌军士气的方法，就在于从心理上瓦解敌人的斗志。

东汉初年，吴汉做大司马时，敌人在黑夜里袭击军营。当时军营里开始惊慌混乱，而吴汉却稳稳地躺在床上不动。将士们听说吴汉一点不慌，从容休息，很快也就镇静下来。这时吴汉才选出精兵反击，大败敌人。这就是不直接去对抗敌人的力量，而是去扑灭削弱敌人气焰的办法。

宋朝时，薛长儒担任汉州、湖州、滑州三州的通判，驻扎在汉州。数百名州兵发生叛乱。他们打开营门，准备杀死知州和兵马监押，并烧毁营寨作乱。有人前来报告，知州和监押都不敢出来。长儒却挺身而出，徒步从断墙处走入军营。他以福祸利害各种关系劝导叛乱的士兵说："你们都有父母妻子，为什么做出这样的事情？指使叛乱者往左边站，胁从者往右边站！"于没有参与策划叛乱的几百人赶忙走向右边，只有策划叛乱的十三人从营门仓皇逃走，分散到各乡村躲藏，不久都被捉拿归案。当时人们都说，如果不是薛长儒，那么全城都要遭祸了。这就是从心理上瓦解敌人士气的计谋。

有人说：当敌人之间相互攻打时，我军乘机袭击两敌中更强一方敌人的后方，以破坏它即将取得的胜利。这也是釜底抽薪之计。

第二十计　混水摸鱼

【解语】

乘其阴乱，利其弱而无主。随，以向晦入宴息[①]。

【按】

动荡之际，数力冲撞，弱者依违[②]无主。敌蔽而不察，我随而取之。《六韬》[③]曰："三军数惊，士卒不齐，相恐以敌强，相语以不利；耳目相属[④]，妖言不止，众口相惑，不畏法令，不重其将。此弱征也。"是鱼，混战之际，择此而取之。如刘备[⑤]之得荆州、取西川，皆此计也。

【注释】

①随，以向晦入宴息：《易经·随卦》："象曰：泽中有雷，随，君子以向晦入宴息。"意思是说：大泽中响雷，泽水随之而振动；君子应当随着天时变换，在天黑时入睡。

②依违：依附，违背。

③《六韬》：古代兵书，相传为周代姜尚所著，为《武经七书》之一。引文见《六韬·兵征第二十九》。

④耳目相属：属，接连，跟着。耳目，探听消息的人不断探听消息。

⑤刘备：三国时著名的政治家、军事家。汉末起兵，割据荆、益等地，与曹、魏、孙吴集团抗争，成鼎足之势。后建蜀汉政权，称先主。

【白话】

（解语）乘敌人内部发生混乱，利用他们力量虚弱而没有主见，使他们随顺我，就像人随着天时变换而昼作夜息一样。

（按）社会动荡之时，各种力量就会互相冲击，而弱小者的倾向还没有确定。当敌人因蒙蔽还没有察觉时，我方应趁机将他们争取过来。《六韬》写道："全军多次受惊，士兵的心不齐，用敌强而互相吓唬，互相说着不利的话；大家不断探听消息，谣言纷纷不止，相互欺蒙，不怕法令，不尊重将帅。这是衰弱的征状啊！"这就像一条鱼，在搅混的水里。当混战之时，便选择它作为目标乘机捞取。比如刘备得荆州、取西川，都是用的这条计策。

第二十一计　金蝉脱壳①

【解语】

存其形，完其势；友不疑，敌不动。巽而止蛊②。

【按】

共友击敌，坐观其势。倘另有一敌，则须去而存势。则金蝉脱壳者，非徒走也，盖为分身之法也，故大军转动，而旌旗金鼓，俨然③原阵，使敌不敢动，友不生疑。待己摧他敌而返，而友敌始知，或犹且不知。然则金蝉脱壳者，在对敌之际，而抽精锐以袭别阵也。

如诸葛亮病卒于军，司马懿追焉。姜维令仪④反旗鸣鼓，若向懿者。懿退，于是仪结营而去。

檀道济⑤被围，乃命军士悉甲，身白服，乘舆⑥徐出外围。魏惧有伏，不敢逼，乃归。

【注释】

①金蝉脱壳：蝉蜕壳，蝉飞壳犹存。比喻用计脱身。

②巽而止蛊：《易经·蛊卦》："彖曰：蛊，刚上而柔下，巽而止蛊。"意思是说：阳刚居上，阴柔居下，凡事能柔顺则能制止混乱，避免受害。巽，伏，顺服；蛊，毒害。运用在此计中，阴为潜藏，阳为暴露。即能隐藏自己的行动而不暴露。

③俨然：整齐，庄重的样子。

④仪：指杨仪，蜀汉名将。多次随诸葛亮北伐，为参军长史。

⑤檀道济：南朝宋名将。屡立战功。元嘉八年（公元 431 年）攻魏，粮尽被围，便巧妙撤退，敌不敢追。后为文帝所忌杀。

⑥乘舆：舆，车子。坐着车子。

【白话】

（解语）保存阵地的原形，造成驻军的气势，使友军不怀疑，敌人也不敢轻举妄动。根据蛊卦原理：若能隐蔽自己的行动而不暴露，就能够防止敌人的损害。

（按）同友军联合对敌作战，要冷静观察敌友我三方的形势。如果又发现另外的敌人。就必须悄悄离去，而保持驻地的阵势不变。这就是说，金蝉脱壳不是简单的离去，而是一种分身的方法。因此，我方大军虽然转移了，但旗帜鲜明，锣鼓号令仍然整齐庄重地保持着原来的阵势。使敌人不敢妄动，友军也不生疑。等到摧毁了别处的敌人回来，友军和敌军才会发觉，或者还没有发觉。所以说，金蝉脱壳之计，就是指在对敌作战时，暗中抽走精锐部队去袭击别处的敌人。

比如，诸葛亮病死在前线时，司马懿率军追击。姜维命令杨仪把战旗反打着，敲起战鼓，好像要进攻的样子。司马懿慌忙撤退，于是杨仪重新整军，安全返回。

宋国将领檀道济被敌人围困后，命令士兵都披上盔甲，他自己却穿着一身白衣，坐在车子上，慢慢向敌人外围进发。魏军害怕檀道济另有伏兵，不敢逼近他，于是，脱离了包围，安然回国。

第二十二计　关门捉贼

【解语】

小敌困之。剥，不利有攸往[①]。

【按】

捉贼而必关门，非恐其诱也，恐其逸[②]而为他人所得也，且逸者不可复追，恐其诱也，贼者，奇兵也，游兵也，所以劳[③]我者也。

《吴子》[④]曰："今使一死贼伏于旷野，千人追之，莫不枭视狼顾[⑤]。何者？恐其暴起而害己也。是以一人投命，足惧千夫。"

追贼者，贼有脱逃之机，势必死斗；若断其去路，则成擒矣。故小敌必困之，不能，则放之可也。

【注释】

①剥，不利有攸往：《易经·剥卦》："剥，不利有攸往。"意思是说：剥落，零散，不利于前进。《六十四卦经解·剥》："剥，裂也，从刀从录。录，刻割也，又，落也。万物零落之象。"运用在此计中，即零散之军队不利于发动进攻。

②逸：逃跑。

③劳：疲劳，使之疲劳。

④《吴子》：古代兵书，传为战国吴起所著。本文出自《吴子·厉士第六》。

⑤枭视狼顾：枭，猫头鹰。像猫头鹰寻找食物那样专注地看。像狼行走时那样害怕地四面看看。比喻小心翼翼，东张西望，瞻前顾后的样子。

【白话】

（解语）对付小股的敌人，要包围起来予以歼灭。按照剥卦的原理，对于那些零星散敌，不利于进行追击。

（按）要捉贼必须关门，并不是怕他逃走，而是怕他逃走了却让别人捉去。而且，对于逃走的敌人不可以再追，恐怕中了他的诱敌之计。所谓贼，是指突击队、游击队。他们是骚扰并使我军疲劳的敌人。

《吴子》上写道："假定现在有一个亡命之徒隐藏在空旷的原野里，派一千个人去追捕他，没有一个不像猫头鹰和狼那样小心翼翼四下张望的。为什么呢？是害怕对方突然跳出来伤害自己。所以说一个人拼命，足以使一千个人害怕。"

追赶盗贼，贼如果有逃掉的机会，必然要拼死格斗；如果截断他的退路，就必定会被抓住。所以，对付小股的敌人，必须包围起来；如果办不到，就放走他算了。

第二十三计　远交近攻①

【解语】

形禁势格②，利以近取，害以远隔。上火下泽③。

【按】

混乱之局，纵横捭阖④之中，各自取利。远不可攻，而可以利相结；近者交之，反使变生肘腋。范雎⑤之谋，为地理之定则，其理甚明。

【注释】

①远交近攻：即结交远国而攻击邻国。语见《史记·范雎传》："王不如远交而近攻，得寸则王之寸也，得尺亦王之尺也。"

②形禁势格：一作"形格势禁"。格，阻碍；禁，禁止。即形势的发展受到阻碍。

③上火下泽：《易经·睽卦》："象曰：上火下泽，睽；君子以同而异。"其意思是：火向上烧，水往下流，它们的性质正好相反。君子应当求同存异，在不同的事物中寻求其可以共存的条件。

④纵横捭阖：纵横，合纵连横。战国时，苏秦主张联合六国抗拒强秦，叫做合纵；张仪主张分化六国，说服他们服从强秦，叫做连横。捭阖，见《鬼谷子·捭阖》："捭之者，开也，言也，阳也；阖之者，闭也，默也，阴也。"或开口说话，或沉默不语。或该说什么，不该说什么。或采取公开的手段，或采取阴谋手段。纵横捭阖的意思是，根据不同的情况相机行事，采取各种手段来达到自己的目的。

⑤范雎：一名范叔，战国时魏人。曾化名张禄入秦国游说秦昭王，主张远交近攻。

【白话】

（解语）当形势的发展受到地理条件的限制时，先攻取就近的敌人对我们有利，先攻取远隔的敌人对我们有害。根据睽卦原理，应当对不同的军事集团采取联合，以达到我们的目的。

（按）在局势混乱、变化复杂、诡计多端的状况下。任何一方都会为自己谋取利益。对远隔的敌人不要去攻击，而可以用利益和他结交；如果和邻近的敌国结交，将对自己不利，反而会使变乱发生在自身要害处。战国时范雎的远交近攻谋略，就是把地理的远近作为不同政策的施行原则，其中的道理是十分明显的。

第二十四计　假途伐虢[1]

【解语】

两大之间，敌胁以从，我假以势。困，有言不信[2]。

【按】

假地用兵之举，非巧言可诳。必其势不受一方之胁从，则将受双方之夹击。如此境况之际，敌必迫之以威，我则诳之以不害，利其幸存之心，速得全势。彼将不能自阵，故不战而灭之矣。

如晋侯假道于虞以伐虢。晋来虢，虢公丑奔京师。师还，袭虞灭之。

【注释】

①假途伐虢：春秋时，晋国想要吞并虞和虢两个小国。这两个国家虽小，却结为联盟，晋国便贿赂虞国国君，拆散了联盟，借道虞国而灭了虢国，返回途中，顺便灭了虞国。后成为典故，指以借路为名而消灭对方。又比喻一箭双雕。

②困，有言不信：《易经·困卦》："困，有言不信。"意思是，人处于困境时，所说的话不会被人相信，也不会轻易相信别人的说话。

【白话】

（解语）处在敌我两个大国之间的小国，当敌方胁迫它屈服时，我方要给与援助，借机扩张我们的势力。按照困卦的原理，对于弱小的国家，不能凭空话拉拢他们，而要给与一定的实惠，才能取得他们的信任。

（按）假借别国的领地去打仗，不是靠花言巧语就能欺骗成功的。必须当他们处于这种情况：不是受一方的胁迫，就将受双方的夹击。这时，敌人必然用武力来逼迫他，我方则用不损害他来诱骗他，利用他侥幸图存的心理，迅速地控制局势。这样他将不能够自己做主，所以不需要进行战斗就能把他消灭。

例如，春秋时，晋侯向虞国借路去攻打虢国，并把他消灭了，虢国公丑逃奔到周朝的首都洛阳，晋军从虢国撤回，经过虞国时，把虞国也消灭了。

◇第五套◇

并 战 计

所谓并战计，顾名思义，即兼并之计。并战计是用来谋取盟军的计谋，阴毒无比。所以，运用此套计，若无十分的把握，不能冒险轻用，以防被盟军识破，其后果不堪设想。正确领会此套计，以防范为主，免被他人兼并，足以自固。正所谓害人之心不可有，防人之心不可无。并战计不可不熟知。包括偷梁换柱、指桑骂槐、假痴不癫、上屋抽梯、树上开花、反客为主六条计。

第二十五计　偷梁换柱[1]

【解语】

频更其阵，抽其劲旅，待其自败，而后乘之。曳其轮也[2]。

【按】

阵有纵横，天衡为梁，地轴为柱[3]，梁柱以精兵为之。故观其阵，则知其精兵之所在。共战他敌时，频更其阵。暗中抽换其精兵，或竟代其为梁柱。势成阵塌，遂兼其兵。并此敌以击他敌之首策也。

【注释】

①偷梁换柱：比喻暗中玩弄手段，以假乱真。梁，柱，原本是盖房时起支撑和连接椽子的重要结构。即大梁和柱子。

②曳其轮：《易经·既济卦》："初九，曳其轮，无咎。"意思是：初九爻象征拖着车轮过河，以防失控，不会出错。

③天衡，地轴：均为古代战阵名称。天衡首尾相连，地轴贯穿中央。

【白话】

（解语）频繁地变动他们的阵容，抽换他们的主力，等他们自己走向失败，然后乘机控制他们。这就如同过河的车子，拖住了它的轮子，也就不会出差错。

（按）战阵有纵向横向，按东西南北的方位布设。"天衡"作阵的大梁；地轴作阵的柱子。梁和柱的位置，都是由精兵控制。因此，察看他军的阵容，就知道他军的精锐在哪里。当与他军共同对敌作战时，设法多次变动他军的阵容，暗中更换他的精锐部队，或者派自己的精锐部队去代替他作梁柱。这样势必使他军阵地倒塌。于是就能吞并他的军队。这是吞并这股敌人再去攻击他股敌人的一个首要的策略。

第二十六计　指桑骂槐[1]

【解语】

大凌小者，警以诱之。刚中而应，行险而顺[2]。

【按】

率数未服者以对敌，若策之不行，而利诱之，又反启其疑。于是故为自误，责他人之失，以暗警之。警之者，反诱之也，此盖以刚险驱之也。或曰：此遣将之法也。

【注释】

①指桑骂槐：指着桑树骂槐树。比喻明指这一人而实际上是指另一人。运用在战争中，即杀一儆百，杀鸡给猴看的意思，目的是为了引起其他人的重视。

②刚中而应，行险而顺：《易经·师卦》："彖曰：刚中而应，行险而顺。"意思是：刚正而不偏激，则能得到人们的信服，诚心响应，冒险行事，果断勇敢，也能使人听从。

【白话】

（解语）强大的欺凌弱小的，要先采用威胁的手段警告他，诱导他顺服。根据师卦来看，刚强而不偏激，可以得到信服；果断而勇敢，可以使人顺从。

（按）率领几支没有信服我的部队去对敌作战，如果指挥他们不灵，你却用利益去引诱它，反而会引起怀疑。这时，你可以故意制造错误，借此来责备他人的过失，暗中警告他们。所谓警告，就是从反面来诱导他们，这是用刚强果敢的手段来驱使他们的办法。有人说：这是调兵遣将的好办法。

第二十七计　假痴不癫[1]

【解语】

宁伪作不知不为，不伪作假知妄为。静不露机，云雷屯也[2]。

【按】

假作不知而实知，假作不为而实不可为，或将有所为。司马懿之假病昏以诛曹爽[3]，受巾帼、假请命以老蜀兵[4]，所以成功。姜维九伐中原[5]，明知不可为而妄为之，则似痴矣，所以破灭。

兵书曰："故善战者之胜也，无智名，无勇功。"当其机未发时，静屯似痴；若假癫，则不但露机，且乱动而群疑。故假痴者胜，假癫者败。或曰：假痴可以对敌，并可以用兵。

宋代，南俗尚鬼。狄青征侬智高[6]时，大兵始出桂林之南，因佯祝曰："胜负无以为据。"乃取百钱自持，与神约："果大捷，则投此钱尽钱面也。"左右谏止："倘不如意，恐沮师[7]。"青不听，万众方耸视，已而挥手一掷，百钱皆面。于是举兵欢呼，声震林野。青亦大喜，顾左右，取百钉来。即随钱疏密，布地而帖钉之，加以青纱笼，手自封焉。曰："俟凯旋，当酬神取钱。"其后平邕州还师，如言取钱，幕府士大夫共视，乃两面钱也。

【注释】

①假痴不癫：痴，傻子，癫，疯子。装傻而不疯。作为一种权术，装着庸碌无为的样子，掩盖其大的抱负，以迷惑对手。

②云雷，屯：《易经·屯卦》："象曰：云雷，屯，君子以经纶。"其意是：云雷正在聚结，大雨还未下落。象征事业正处在艰难的准备时期，有智之士应当苦心经营。

③曹爽：三国魏人，字昭伯。曾掌握兵权。太傅司马懿阴谋夺取兵权，便装出衰弱昏聩的样子。曹爽信以为真，放松警惕。后来司马懿乘

机进行兵变，杀了曹爽，夺了兵权。

④受巾帼、假请命以老蜀兵：三国时，诸葛亮率军北伐，蜀、魏大军在五丈原对垒，魏方主帅司马懿固守不战，目的是拖垮蜀军。诸葛亮意在速战，派人送去妇女的头巾、衣物去侮辱司马懿，企图激他出战。司马懿却收下了诸葛亮送来的东西，并上表请魏主派使到军营传谕不战，终于把蜀军拖垮，只得退军回蜀。

⑤姜维九伐中原：诸葛亮死后，姜维统帅蜀汉军事。他先后九次北伐，皆劳师无功。后被魏将邓艾、钟会所击败。

⑥狄青：北宋大将，1052年，他率兵镇压西南蛮族首领侬智高的叛乱，大胜。

⑦沮：丧气，颓丧。沮师，使士气低落、沮丧。

【白话】

（解语）宁可装作不知道而不去做，不可假装知道而胡乱去做。静静地不暴露自己的动机，暗中策划经营。

（按）假装不知道的，实际上却知道；假装不做的实际上是确实不能去做，或者是将要有所作为。三国时，司马懿假装衰老病昏而杀了曹爽。他在蜀魏对战中，接受了孔明送来污辱他的女人衣物头巾，故意上表请命，坚守不战，从而将蜀军拖垮，获得成功。而姜维九次进攻中原，明明知道不可以这样做，却偏偏要轻举妄动，就真像个傻子了，所以他失败了。

兵书说："所以善于作战的人取得胜利，既没有机智的名声，也没有英勇的战功。"当进攻时机未到时，镇静得如同痴人一样。如果装作疯疯癫癫的，虚张声势，则不仅暴露了自己的动机和目标，而且会因为行动混乱而引起大家的猜疑。所以，装痴的必然胜利；装癫的必然失败。有人说：假痴可以对敌作战，也可以用于治军。

宋朝时，南方人崇拜鬼神。北宋名将狄青征伐侬智高时，大军刚到桂林以南，他就假装拜神祷告说："这次出兵，是胜是败没有根据。"便取了一百个铜钱和神约定："若果真能大胜，那么把这些钱扔在地上，钱面都要向上。"左右官员劝他别这样做，并说："如果不如意，恐怕会使士兵沮丧。”狄青不听，全军将士正在抬头观看之时，他挥手一掷，结果一百个铜钱全部是面朝上。于是全军欢呼，声音震动山林原野。狄青也非常兴奋，回头命令左右侍从拿来一百个钉子，依照铜钱分布的疏密，逐个贴地钉牢，并盖上青纱笼，亲手贴了封条，然后说：“等凯旋后，一定酬谢神灵，收回铜钱。”后来，狄青平定了邕州，率领部队回来，按原先所说的那样，把钱取回。他的幕僚们和随行官员们一看，原来都是一样的双面钱。

第二十八计　上屋抽梯

【解语】

假[1]之以便，唆[2]之使前，断其援应，陷之死地。遇毒，位不当也[3]。

【按】

唆者，利使之也。利使之而不先为之便，或犹且不行。故抽梯之局，须先置梯，或示之以梯。如：慕容垂[4]、姚苌[5]诸人怂秦苻坚侵晋，以乘机自起。

【注释】

①假：借给。

②唆：唆使。

③遇毒，位不当也：《易经·噬嗑卦》："六三：噬腊肉，遇毒；小吝，无咎。""象曰：遇毒，位不当也。"意思是：吃了坚硬的肉干，受到伤害，只是小损伤，没有大的妨碍，这是贪图口福所造成的恶果。比喻贪图不应该有的利益，而招致祸害。

④慕容垂：鲜卑族，十六国时，原为前燕吴王，后投奔前秦苻坚，淝水之战后，趁机独立建国后燕。

⑤姚苌：五胡十六国时后秦之建立者。原为羌族首领姚弋仲之子，后投奔前秦苻坚，淝水之战后，率羌人独立，称万年秦王，建立后秦国。

【白话】

（解语）借给敌人以方便条件，唆使他不断前进，然后切断他的接应和后援部队，使他完全处于死地。这是利用敌人贪心占利的欲望，使他受到惩罚。

（按）所谓唆使，就是用利去引诱他。如果只用利引诱，而不为他提供方便，或许他还会不动。因此，使用上屋抽梯之计的，必须先安置好梯子，或者让他注意到梯子。比如南北朝时，鲜卑族首领慕容垂、羌人首领姚苌等人怂恿前秦国主苻坚入侵东晋，以便自己乘机独立。

第二十九计　树上开花

【解语】

借局[1]布势，力小势大。鸿渐于陆，其羽可用为仪[2]也。

【按】

此树本无花，而树则可以有花。剪彩粘之，不细察者不易觉。使花与树交相辉映[3]，而成玲珑[4]全局也。此盖布精兵于友军之阵，完其势以威敌也。

【注释】

①局：即阵，阵局，指战争中兵力的部署和阵地构成。

②鸿渐于陆，其羽可用为仪：出自《易经·渐卦》，其意思是：鸿雁飞起来逐渐落到山上，它落下的羽毛可以作为漂亮的装饰品。仪：威仪，装饰。

③辉映：映照，对比。

④玲珑：精巧细致。

【白话】

（解语）借助别人的阵局摆布成阵势，兵力虽然弱小阵容却显得强大。正如鸿雁飞上高山，落下的羽毛，却可以用来当做漂亮的装饰一样，增色不少。

（按）这棵树本来不开花，但是树却可以有花。若把彩色绸绢剪成花朵粘在树上，不仔细察看的人不容易发觉。让美丽的花朵和树枝互相映照，从而造成精巧细致的完整局面。这就是把精锐部队布置到友军的阵地上，形成声势壮大的阵势以慑服敌人的计策。

第三十计　反客为主[1]

【解语】

乘隙插足，扼其主机。渐之进也[2]。

【按】

为人驱使者为奴，为人尊处者为客；不能立足者为暂客，能立足者为久客；客久而不能主事者为贱客；能主事则可渐握机要，而为主矣。故反客为主之局，第一步须争客位，第二步须乘隙，第三步须插足，第四步须握机，第五步乃成为主。为主，则并人之军矣。此渐进之阴谋也。

如李渊书尊李密[3]，密卒以败。汉高祖势未敌项羽之先[4]，卑事项羽，使其见信，而渐以侵其势。至垓[5]下一役，一举亡之。

【注释】

①反客为主：客人反过来变成主人。指变被动地位为主动地位。

②渐之进也：《易经·渐卦》："彖曰：渐之进也，女妇吉也。"意思是说：渐渐地向前走，就像女子出嫁那样循序渐进，不要操之过急。

③李渊，李密：原都是隋朝将官，后反叛起兵。起初李密依据瓦岗寨，声势浩大，李渊依据晋阳（今太原），便写信尊奉李密为主，趁机进据关中，后来势力强大，便灭了李密，建立了唐朝，即唐高祖。

④汉高祖：即刘邦。与项羽皆为秦末农民起义军领袖。项羽即西楚霸王。

⑤垓下：地名，在今安徽省灵璧县东南。前202年，刘邦之部将韩信曾围攻项羽于此处，四面楚歌，项羽大败。

【白话】

（解语）一有漏洞就乘机把脚插进去，控制它的主要机关。此事应该循序渐进。

（按）受人差遣的是奴隶，受人尊养的是客人；不能站稳脚跟的是暂时的客人，能站稳脚跟的是长久的客人；长久当客人而不能主管事情的，是卑贱的客人；能主管事情就可以逐渐控制主要部门抓住大权而变成主人了。所以反客为主这盘棋的布局，第一步要争取客人的身份，第二步要会钻空子，第三步要插脚进去，第四步要控制主要部门，第五步就变成主帅了。做了主帅，也就兼并了他人的军队。这是循序渐进的阴谋。

比如：隋朝李渊，写信推崇李密，后来便消灭了李密。汉高祖刘邦在兵力不能和项羽敌对时，恭敬谦卑地侍奉项羽，取得项羽的信任。之后却慢慢削弱项羽的兵力。到垓下会战时，便一举消灭了项羽。

◇ 第六套 ◇

败战计

所谓败战计，即败中求胜的计谋。当战局对自己极端不利的情况下，不能坐而待毙，要寻求或创造解脱困厄、转危为安、转败为胜的条件，把握有利的时机，适时地挽救自己的命运，保存自己的实力，避免不必要的牺牲。败战计包括美人计、空城计、反间计、苦肉计、连环计、走为上六条计。

第三十一计　美人计

【解语】

兵强者，攻其将；将智者，伐其情。将弱兵颓[1]，其势自萎[2]。利用御寇，顺相保也[3]。

【按】

兵强将智，不可以敌，势必事之。事之以土地，以增其势，如六国之事秦[4]；策之最下者也。事之以币帛，以增其富，如宋之事辽金[5]，策之下者也。惟事之以美人，以佚[6]其志，以弱其体，以增其下之怨，如勾践[7]以西施重宝取悦吴王夫差，乃可转败为胜。

【注释】

①颓：委靡不振，衰败。

②萎：萎缩。

③利用御寇，顺相保也：见《易经·渐卦》："象曰：利用御寇，顺相保也。"意思是：利用控制敌人，顺利地保护自己。

④六国之事秦：六国，战国时齐、楚、燕、韩、赵、魏六个大诸侯国，合秦则为战国七雄。事，侍奉，尊崇。

⑤宋之事辽金：宋，北宋、南宋；辽、金是与宋朝同时并存的北方强国，分别通过战争威胁，而与北宋、南宋朝廷订立盟约，获得大量金银财帛、茶叶等，成为宋朝人民的一项沉重负担。

⑥佚：使之佚，消磨。

⑦勾践：即春秋时越王勾践，他被吴王夫差打败后，自己甘愿为吴王奴役，还输送了美女西施迷惑吴王，卧薪尝胆，终于灭了吴王，报仇雪恨。

【白话】

（解语）对付兵力强大的敌人，就要制服他们的将帅；将帅都是足智多谋的，就打击他的斗志。将帅斗志衰退，军士意志消沉，敌人的气势就自行萎缩。按照渐卦的原则：要利用敌人的弱点来控制敌人，顺利地保护自己。

（按）对于兵力强大而将帅英明有智谋的部队，就不可以去和它对抗，只能顺应形势而服从他们。用割地去侍奉他们，从而增强他们的实力，像战国时六国侍奉秦国那样，这是最下等的策略；用金钱布匹去事奉他们，从而增加他们的财富，像宋朝侍奉辽、金国那样，这是下等的策略；只有用美女去侍奉他，从而消磨他的志气，削弱他的体质，增加他部下对他的怨恨，像勾践用美女西施和名贵珠宝取得吴王夫差的高兴，那样，就可以转败为胜。

第三十二计　空城计

【解语】

虚者虚之，疑中生疑。刚柔之际①，奇而复奇。

【按】

虚虚实实，兵无常势②。虚而示虚，诸葛而后，不乏其人。

如吐蕃③陷瓜州，王君焕④死，河西恟惧⑤。以张守珪⑥为瓜州刺史，领余众，方复筑州城。版干⑦裁立，敌又暴至，略无守御之具。城中相顾失色，莫有斗志。守珪曰："彼众我寡，又疮痍⑧之后，不可以矢石相持，须以权道制之。"乃于城上，置酒作乐，以会将士。敌疑城中有备，不敢攻而退。

又如齐祖珽⑨为北徐州刺史。至州，会有陈寇⑩，百姓多反。珽不关城门，守陴者皆令下城，静坐街巷，禁断行人鸡犬。贼无所见闻，不测所以，或疑人走城空，不设警备。珽复令大叫，鼓噪聒天，贼大惊，登时走散。

【注释】

①刚柔之际：《易经·解卦》："象曰：刚柔之际，义无咎也。"意思是说：在既刚又柔，非刚非柔，刚柔混杂的情况下，往往不会受到大的伤害。即情况不甚明了，虚虚实实，使敌人摸不清情况，不敢贸然进犯。

②兵无常势：见《孙子·虚实篇》："水因地而制流，兵因敌而制胜。故兵无常势，水无常形。"即军队没有固定不变的状态。

③吐蕃：唐时生活在青藏高原一带的少数民族，建立了自己的国家，曾称雄一方。

④王君焕：唐将，字威明。开元中为河西陇右节度使，因为击破吐蕃有功，升任大将军。后吐蕃攻陷瓜州，回纥等部叛变，君焕战死。

⑤河西恟惧：河西，唐代方镇，治所在今甘肃武威，管辖的地方相

当于今甘肃省河西走廊。恟惧，恐惧，恐惧不安。

⑥张守珪：唐将，开元中为瓜州刺史。

⑦版干：版，夹板；干，是筑墙夹板两头所立的木桩。古时筑墙，两个板子相夹，当中放土，用杵舂打实。

⑧疮痍：伤病，疾痍。指战争创伤。

⑨祖珽：北齐范阳人，字孝征，曾任北徐州刺史。北徐州：北齐设置，治所在今安徽凤阳东北。

⑩陈寇：陈，指南朝的陈国；寇，指进攻、入寇。

【白话】

（解语）兵力空虚的，再故意显示出虚弱的样子，使敌人疑惑不定，摸不清你到底是强还是弱，因而不敢贸然行动。这是一种更加奇妙的计谋。

（按）实实虚虚，虚虚实实，用兵没有固定的方式。空虚时有意显示空虚，这种方法自诸葛亮以后，运用的人并不少。

如：公元727年，吐蕃人攻陷了瓜州（今甘肃省安西县），唐朝守将王君焕战死，河西地区的百姓非常恐慌。朝廷又派张守珪做瓜州刺史，他到任后立即带领没有逃走的军民修筑城墙。刚安置了木桩大板在打墙，吐蕃人又突然来袭击。大家没有一点防御工具，城里人你看我，我看你，惊慌失色，毫无斗志。守珪说："敌众我寡，我们又刚遭受过战争的创伤，不能用利箭、石块和他们相对敌，必须用谋略去战胜他们。"于是他命令在城上摆好酒席，和将士们饮酒作乐。吐蕃人怀疑城内有了准备，不敢进攻，撤兵而去。

又如，公元573年，北齐祖珽做北徐州刺史，刚到任时，就碰上南陈大举入侵，当地老百姓很多人参与暴乱。祖珽命令不要关闭城门，让守城的士兵全从城墙下来静静地坐在街巷里，禁止行人通行，连鸡犬也不能乱叫。南陈军队什么也看不到、听不到，不知道是什么缘故；有人还怀疑人都跑了，是座空城，无人防守。这时祖珽又命令士兵突然高声大叫，喊杀声震天动地。南陈军队大吃一惊，顿时逃散了。

第三十三计　反间计[1]

【解语】

疑中之疑。比之自内，不自失也[2]。

【按】

间者，使敌自相疑忌也；反间者，因敌之间而间之也。

如燕昭王薨，惠王[3]自为太子时，不快于乐毅。田单乃纵反间曰："乐毅与燕王有隙，畏诛，欲连兵王齐。齐人未附，故且缓攻即墨[4]，以待其事。齐人惟恐他将来，即墨残矣。"惠王闻之，即使骑劫代将，毅遂奔赵。

又如周瑜利用曹操间谍，以间其将；陈平以金纵反间于楚军，间范增[5]，楚王疑而去之。亦疑中之疑之局也。

【注释】

①反间计：见《孙子·用间篇》："反间者，因其间而用之。"杜牧曰："敌有间来窥我，我必先知之。或厚赂诱之，反为我用；或佯为不觉，示之以伪情而纵之。则敌人之间，反为我用也。"这种运用敌人的间谍而达到自己目的的计策，叫做反间计。

②比之自内，不自失也：《易经·比卦》："象曰：比之自内，不自失也。"意思是：来自于内部的帮助，自己没有什么损失。比，依附，辅助。运用在此计中，有推动敌人生疑之意。

③燕惠王：战国时燕昭王的儿子。燕昭王时，乐毅受重用，公元前284年率军为燕国复仇，大破齐国，先后攻取七十多城，只留即墨和莒两城未攻下。后昭王死，燕惠王即位，中齐即墨守将田单反间计，改调大夫骑劫为将。乐毅被迫奔逃赵国。田单用火牛阵反攻，燕军大败。

④即墨：地名，战国时齐国重镇。即今山东平度。

⑤陈平间范增：陈平，汉朝名臣，有智谋。范增，项羽谋士。楚汉相争时，陈平为除去范增，巧设反间计，离间项羽和范增的关系。范增离军而亡。

【白话】

（解语）在疑阵中再布置一层疑阵。利用敌人的间谍来为我服务，这样自己就不会受损失。

（按）间，就是使敌人互相猜疑、忌恨；反间，就是诱使敌人的间谍去离间敌人。

例如：战国时，燕昭王死后，因为燕惠王自从做太子时，就对大将乐毅不满。齐将田单便使用反间计，说："乐毅和燕惠王有矛盾，害怕燕惠王杀他，想要联合齐国军队做齐国国王。只是因为齐国人还没有归顺他，所以他不急于攻打即墨，目的是等待时机成熟。现在齐国人只害怕燕国改派别的大将来，那么即墨就要失陷了。"燕惠王听后，立即改派骑劫去代替乐毅为统帅，乐毅只好逃到赵国去了。

又如：三国时，周瑜利用曹操派来的间谍蒋干进行反间活动，使曹操怀疑他的大将蔡瑁、张允并杀了他们。汉王刘邦的谋士陈平，用金钱收买楚军将士，散布谣言，离间西楚霸王和军师范增的关系。项羽因此怀疑范增，从而使范增离开了项羽。这也是在疑阵中再布疑阵的计策。

第三十四计　苦肉计

【解语】

人不自害，受害必真。假真真假，间以得行。童蒙之吉，顺巽也[①]。

【按】

间者，使敌人相疑也；反间者，因敌人之疑，而实其疑也。苦肉计者，盖假作自间以间人也。凡遣与己有隙者以诱敌人，约为响应，或约为共力者，皆苦肉计之类也。如郑武公伐胡[②]，而先以女妻胡君，并戮关其思。韩信下齐而郦生遭烹[③]。

【注释】

①童蒙之吉，顺以巽也：《易经·蒙卦》："象曰：童蒙之吉，顺以巽也。"意思是：愚昧的儿童虚心顺从老师的教诲，是吉祥的。运用在此计中，指要善于顺从敌人的心意行使计谋，就会成功。

②郑武公：春秋时郑国的一位国君。胡，当时的边地胡人。关其思，主张伐胡的郑大夫。

③韩信：西汉大将军。楚汉相争时，率大军征伐齐国。郦生，即说客郦食其。刘邦曾先派郦食其入齐劝齐王田广投降，齐王便撤掉城防，韩信趁机攻击，齐王便威胁郦食其阻止韩信出兵，郦食其不从，齐王便烹杀了他。韩信一举攻取齐国。

【白话】

（解语）人不会自己伤害自己，遭受伤害必然是真实情况。我们有意识创造一种真实情况，使敌方信以为真，离间计就可以实施了。按照蒙卦的启示，要善于顺从敌人的心意行使计谋，必然成功。

（按）离间，就是使敌人互相猜疑；反间，就是利用敌人原有的猜忌心理，而使他们的猜忌变成现实。行使苦肉计的，是假作自己内部有了分裂而去诱惑离间敌人。凡是派遣与自己有仇恨的人去迷惑敌人，不论是相约作为内应的，还是相约共同起事的，都属于苦肉计一类的计谋。

如战国时，郑武公要讨伐胡国，却先把自己的女儿嫁给胡国国君，又杀了主张伐胡的大夫关其思。楚汉相争时，韩信进攻齐国，而郦食其却遭到烹杀。

第三十五计　连环计

【解语】

将多兵众，不可以敌，使其自累，以杀其势。在师中吉，承天宠也①。

【按】

庞统②使曹操战舰勾连，而后纵火焚之，使不得脱。则连环计者，其法在使敌自累，而后图之。盖一计累敌，一计攻敌，两计扣用，以摧强势也。如宋毕再遇③，尝引敌与战，且前且却，至于数四。视日已晚，乃以香料煮黑豆，布地上，复前搏战，佯败走。敌乘胜追逐，人马已饥，闻豆香，乃就食，鞭之不前。遇率师反攻，遂大胜。皆连环之计也。

【注释】

①在师中吉，承天宠也：《易经·师卦》："象曰：在师中吉，承天宠也。"意思是：统帅若能持中不偏，没有差错，就受到天子的宠爱，吉祥。运用在此计中，指统帅若能正确运用此计，就会取得战争的胜利。如同得到天神的帮助一样。

②庞统：三国时人，字士元，号凤雏。当时与诸葛亮齐名。后归刘备为谋士。赤壁之战时，却假装投奔曹操，为他设连环战舰之计，曹操中计，遭周瑜火攻，大败。

③毕再遇：南宋名将，字德卿，有勇有谋。

【白话】

（解语）敌军的将领众多，兵力强大，不能够和他硬拼，应当想法使他们自相牵制，从而削弱他们的威力。将帅若能正确运用计谋，战胜敌人，就会如同得到天神帮助一样。

（按）三国时，庞统怂恿曹操把舰船用铁链勾连起来，而后周瑜却纵火焚烧，使舰船不能逃脱。可见连环计的方法就是先让敌人自相箝制，然后再谋取他们。一计箝制敌人一计攻击敌人，两计前后配合运用，用来摧毁强大的敌人的威胁。

再如宋代抗金名将毕再遇，曾经引诱敌人和他作战。他忽而前进，忽而后退，一连四次。看看天色已近黄昏，他便命令把用香料煮好的黑豆撒在阵地上，又上前挑战，并假装败退。敌人乘胜追击，但他们的战马已经饥饿，嗅到豆子的香味，立即觅食起来，用鞭子抽打也不肯走动。这时，毕再遇率领部队反攻，于是大获全胜。这些都是连环计的运用。

第三十六计　走为上

【解语】

全师避敌①，左次无咎，未失常也②。

【按】

敌势全胜，我不能战，则必降、必和、必走。降则全败，和则半败，走则未败。未败者，胜之转机也。

如宋毕再遇与金人对垒，度金兵至者日众，难与争锋。一夕拔营去，留旗帜于营。预缚生羊悬之，置其前二足于鼓上。羊不堪倒悬，则足击鼓有声。金人不觉为空营，相持数日。及觉，欲追之，则已远矣。可谓善走者矣！

【注释】

①避敌：避开敌人，指有计划地撤退。

②左次无咎，未失常也：《易经·师卦》："象曰：左次无咎，未失常也。"意思是：暂且撤退，免遭伤害，也没有失去用兵的常理。

【白话】

（解语）全军有计划地退却，以避免和强敌对抗而遭受损失。这么做并未脱离正常的用兵法则。

（按）如果敌方形势占绝对优势，我方不能战胜他，那只有投降、讲和、退却三条路可走。投降，是彻底的失败；讲和，是一半失败；退却，是没有失败。没有失败，就是取胜的转机。

例如宋朝毕再遇建造工事和金人对抗，估计前来攻打的金兵日益增多，难以抵抗，他便在一夜之间全军撤离阵地，只留下旗帜在军营里。并预先把活羊倒吊起来，将前边两条腿放在鼓上。羊忍受不了，两条腿不停乱动，把鼓敲得咚咚直响。金人因此而不知已是一座空营，还相待了几天，等金人发觉后，想要追击时，宋军已去得很远了。这可以说是善于退却的战例了。

◇ 跋 ◇

夫战争之事，其道多端。强国、练兵、选将、择敌、战前、战后一切施为，皆兵道也。惟比比者，大都有一定之规，有陈例可循。而其中变化万端，恢诡奇谲[1]、光怪陆离[2]、不可捉摸者，厥[3]为对战之策。

三十六计者，对敌之策也，诚大将之要略也。闲尝论之：胜战、攻战、并战之计，优势之计也；敌战、混战、败战之计，劣势之计也。而每套之中，皆有首尾次第。六套次序，亦可以阴……

【注释】

①恢诡奇谲：恢，广大，宽大；诡，欺诈，虚伪；奇，特别；谲，欺诈，玩弄手段。指诡计多端。

②光怪陆离：陆离，式样多，繁杂难辨。指形象奇异，纷繁难辨。

③厥：乃，就。

【白话】

有关战争的事，它是多种多样的。增强国力，训养士兵，选任将领，选择作战对象，以及战前和战后的一切工作，都是军队建设的内容。凡此种种，大都有一定的原则，有历史经验和教训可资遵循借鉴。而其中千变万化、诡计多端、纷繁难辨不易掌握的，就要属于作战策略了。

三十六计，就是作战的策略，也确实是大将指挥战争的重要方略。平时我曾对此作了评论：胜战、攻战和并战三套计，是处于优势时所施用的计谋；敌战、混战和败战三套计，是处于劣势时所施用的计谋。在每套计谋当中，都各有开头、结尾和排列顺序。……